EN EL NOMBRE
DE COMPRAR, FIRMAR . . .
Y NO LLORAR

EN EL NOMBRE
DE COMPRAR, FIRMAR...
Y NO LLORAR

Cómo me liberé de mi addicción
a las tarjetas de crédito

María Antonieta Collins

Una rama de HarperCollinsPublishers

Los libros de HarperCollins pueden ser adquiridos para uso educacional, comercial, o promocional. Para recibir más información, diríjase a: Special Markets Department, HarperCollins Publishers Inc., 10 East 53rd Street, New York, NY 10022.

Diseño del libro por Katy Riegel

PRIMERA EDICIÓN RAYO, 2005

Impreso en papel sin ácido

Library of Congress ha catalogado la edición en inglés.

ISBN 0-06-074497-9

05 06 07 08 09 DIX/RRD 10 9 8 7 6 5 4 3 2 1

ÍNDICE

"TOMA CHOCOLATE . . . Y PAGA LO QUE DEBES"

Prólogo por Emilio Estefan

ESTA ES LA PRIMERA vez que escribo un prólogo para un libro. Me lo habían pedido otras veces pero por una u otra razón en ese entonces no pude hacerlo. El día en que María Antonieta Collins me pidió esta introducción, supe que era el momento de poner por escrito lo que tanto me preocupa de nosotros los inmigrantes que hemos venido a este país a trabajar tan duro: ¿Qué hacemos con el dinero que ganamos? ¿Lo invertimos o lo botamos? Desafortunadamente, para una gran mayoría de nosotros y por puro desconocimiento, ese dinero que nos cuesta tanto ganar, lo botamos.

Cuando me enteré de la historia de María Antonieta, me impactó por las veintitantas tarjetas de credito que tenía y que la llevaron a una deuda de $46,000. Pero también me impresionó mucho que por ella misma tuviera el valor de salir adelante, enfrentando el problema y buscando una solución. En los detalles de la historia me di cuenta que María Antonieta representaba lo que diariamente viven muchos hispanos que no encuentran ayuda, pero también me hizo pensar en mi propia historia, totalmente diferente.

Siempre he creído que un millonario no es una persona que gana millones, sino quien ahorra para tener las cosas necesarias para vivir. Por eso, mi meta ha sido ahorrar. Ahorrar sin conocer el cansancio, ahorrar todo lo que pueda para después comprar sin deber nada a nadie . . . Comencé siendo niño cuando con mis ahorros compre mi primer suéter. Lo había visto en una tienda y me gustó muchísimo. Costaba $22.59. Durante casi dos meses, junté centavo a centavo y dólar a dólar hasta tener aquellos famosos $22.59. Feliz, con el dinero en la bolsa me fui a la tienda . . . ¿Qué pasó? Que en mi planeación olvidé el gran detalle: tenía, sí, la cantidad para el suéter . . . , ¡pero ni un centavo más para pagar los impuestos! Tuve que esperar una semana más para ahorrar el total y finalmente poder comprarme aquel suéter tan deseado. Así aprendí dos cosas: la primera, la gran satisfacción de haberlo hecho con mi esfuerzo, y la segunda, la gran lección según la cual vivo desde entonces: no compro nada a plazos.

Juntar aquellos $22.59 significó algo que hasta hoy rige mi vida: PLANEAR. Planifico todo lo que hago con la intención de organizar mejor mi vida. Jamás, aunque me la paso trabajando —y de paso, disfrutando de lo que hago— para poder tener comodidades más tarde, nunca me he dejado llevar por lo material porque lo principal en mi vida siempre ha sido poder dejarle un legado importante a mis hijos y a la comunidad hispana. Eso es lo que quiero transmitirle a las nuevas generaciones. Que entiendan el valor de las cosas y también que todo lo que se hace por impulso tiene consecuencias.

Por impulso compramos cosas que en realidad no podemos tener, sin darnos cuenta que lo peor en la vida es simple y sencillamente aparentar lo que uno no es. Esos impulsos nos alejan de algo tan importante como tener paz espiritual, y ésta no te la da el tratar de adquirir cosas que no podrás pagar. Yo he sido pobre y he sido rico y la gran felicidad que verdaderamente siento como ser humano es que de alguna manera soy más rico en la espiritualidad. Al final, lo material es como todo. Se acaba. Uno viene al mundo sin nada y se va sin nada.

Para mí lo primordial seguirá siendo dormir tranquilo todas las noches. Soy la persona que mejor duerme y en más calma, entre muchas otras cosas, porque no tengo deudas. ¿Fue fácil? ¡Por supuesto que no! Nunca he ocultado lo difícil que fue para Gloria y para mí llegar al punto donde nos encontramos hoy en día. Y siempre hemos hablado de nuestros grandes sacrificios.

Yo ahorré todo mi dinero antes de poder comprar mi segunda casa, y nunca sucumbí a la tentación de endeudarme, ni a nada que tuviera consecuencias similares bajo el pretexto de que yo me lo mereciera. Siempre tuve en claro que los actos más fáciles son los que se hacen por impulso, creyendo que en ellos se encuentra la felicidad. Al final, cuando uno hace las cosas sin pensar lo único que logra es comprar tiempo, pero nada más.

Gloria es aún mas decidida que yo. Ella es muy controlada y no es materialista para nada. No le obsesiona ir a las tiendas, ni andar comprando ropa. Ella es feliz de otra forma, con nuestros hijos, con la familia, con sus animalitos a los que cuida y con su hogar, que para ella es lo más importante en el mundo. Ésa es mi Gloria, una mujer con una gran paz interior.

Por eso, de nuestra experiencia queremos dejar constancia que la pareja es la que te empuja y te ayuda a hacer las cosas. Ella y yo seguimos siendo cómplices en la vida como hace más de veintisiete años, cuando juntos y sin apoyo, vendíamos uno a uno nuestros discos, como cuando juntos luchábamos por abrirnos el camino.

Ahí entendimos que el éxito debe ser compartido, porque el que no comparte pierde algo importante en la vida. Pero compartir no significa despilfarrar. ¡No! Y lo más importante para no despilfarrar es enseñar a los hijos el hábito del AHORRO. Ahorrar es mi obsesión para asegurar el futuro y mi mayor recomendación para que de nosotros los hispanos se digan sólo cosas mejores cada día. La otra responsabilidad que tenemos como inmigrantes en este país es la de darle buen ejemplo a las nuevas generaciones.

Mi propia historia es la muestra. Cuando junto a mi padre salí de Cuba y mi madre quedó en la isla, papá y yo, sin dinero, salimos por España y después llegamos a Miami. Comíamos en comedores para los que recién llegaban y no tenían un solo centavo. Así de claro. Comencé trabajando como mensajero de correos dentro de la compañía Bacardí, donde al ver mis ganas de progresar me fueron ascendiendo. Me dieron la oportunidad de estudiar al parejo y la tomé. Por las noches, para ganar dinero extra, con mi acordeón me iba a los restaurantes a amenizar las mesas y así ganar más con las propinas. Nunca dejé de trabajar y de recordar lo que mi madre me decía: "Mi hijito, para atrás ni para coger impulso". Hoy sé que haber sido un joven pobre me ayudó a apreciar la vida y me ayudó a valorar las cosas mas sencillas que son las que te hacen más feliz. Esa es la esencia de mi filosofía.

Finalmente, como productor hago votos porque las historias que se encuentran aquí, escritas por María Antonieta Collins, una de mis periodistas favoritas y a quien Gloria y yo queremos mucho, conviertan a este libro que ella ha llamado *En el nombre de comprar, firmar . . . y no llorar* en todo un álbum de platino que venda el millón de copias.

Y para terminar, como buen cubano, para quien lo lea y quiera la fórmula para ganar en la vida sin caer en deudas, dejo la sabiduría de mi refrán musical favorito: "Toma chocolate . . . y paga lo que debes".

Emilio Estefan
Miami Beach, Florida, 12 de mayo de 2004

INTRODUCCIÓN

Cuando mucho . . . se convierte
en demasiado

NO NACÍ COMPRADORA, ni compulsiva, pero llegué a tener veintidós tarjetas de crédito. ¿Que cómo lo hice? ¡Ni me pregunte! Lo hice como todos, como usted sabe, (y seguramente también lo ha hecho). Primero, pidiendo y aceptando cuanta tarjeta me dieran, así fuera la que daba la "Real Sociedad de Bomberos Unidos de Katmandú", y después, también como todos, creyendo en el espejismo de tener las cosas al instante porque se pagan con el plástico.

En cuestión de tres años me vi envuelta en deudas sin tener conciencia real del peligro que estaba viviendo. Esas tarjetas eran las veintidós llaves de mi reino encantado, las más importantes, las que me hacían creer que me encontrada en una situación financiera como no había otra.

De todos colores y diseños, aquellos minúsculos rectángulos abultaban mi billetera amenazando con romperla, pero "no importa —me repetía— si pasa eso, voy a la tienda y ya. Me compro otra, todo está a mi alcance con el poder de mi firma". Pero un día, ¡pum! De pronto, y cuando menos lo esperaba, el sueño de la prosperidad instantánea se me terminó estrepitosamente. Mi realidad tomó cuerpo con una cifra espeluznante para una mujer como yo en aquellos años: divorciada, jefe de familia, madre de dos hijas y sostén de su padre... y por si fuera poco, con $46,000 en deudas de tarjetas de crédito.

¿Le suena familiar? A ver, haga memoria...

Simple y llanamente, me había convertido en una más de los millones de consumidores que son prisioneros de eso que es como una droga, que acaba con familias, con prestigio y con el dinero: las compras a crédito sin control. Así que tuve que enfrentar a otro de mis demonios: el ser adicta a comprar por compulsión.

De ahí nació este libro, producto de la odisea personal, que como en el caso de la gordura o los problemas con los hijos adolescentes, mientras haya vida y alguien que ayude, tiene arreglo. Ésa soy yo.

Pero debo aclarar aquí dos cosas muy importantes: una, que ésta no es una andanada contra ninguna tarjeta de crédito en especial para cobrarle con intereses el infierno que he vivido. NO ESTOY EN CONTRA DE COMPRAR A CRÉDITO, SIEMPRE Y CUANDO SEA CON MEDIDA. Dicho así, con mayúsculas, para que no quede duda alguna.

La otra aclaración pertinente es para los que siempre andan buscando el punto y el contrapunto por todas partes. En este libro sólo están los hechos que han transformado a los actores que cuentan aquí su drama. Lo que piensan los bancos o las compañías de las tarjetas de crédito no hace falta aclararlo, ya que es bien conocido por todos: simplemente hacernos comprar y hacer caer a los que no sabemos decir que no.

Los exculpo y les doy la razón con el mismo argumento que ellos utilizan cuando alguien los señala por crear un caos financiero. Al final de todo desastre la culpa es del deudor, es decir de usted o yo, que tenemos en nuestro poder la capacidad de decidir si compramos o no.

En fin, poniendo atrás las tristezas, lo que aquí va a encontrar también es la luz al final del túnel. No hay trucos ni magia, simplemente la voluntad para remontar la pesadilla, y para que luego de un tiempo en el purgatorio de los redimidos, nuevamente podamos comprar y firmar sin tener que sentarnos a llorar.

Y aquí comienza mi historia . . .

EN EL NOMBRE
DE COMPRAR, FRIMAR . . .
Y NO LLORAR

Capítulo I

YO PECADORA . . .
DE 22 TARJETAS

POR MUCHAS RAZONES, aquel día de 1994 no pudo ser ni más interesante ni más devastador. Había comenzado como cualquier otro en la alocada vida de una reportera. Simon Ehrlich, mi camarógrafo de esa época, y yo nos dirigíamos a grabar una serie de entrevistas para un proyecto especial. Nada pronosticaba la tormenta, porque, a fin de cuentas, se trataba de un reportaje especial para la época de *sweeps* (cuando mayor audiencia hay que atraer . . . o *sayonara, goodbye,* se acabó).

El tema no podía ser mejor: ¿Cómo salir de las deudas contraídas por tarjetas de crédito utilizadas sin control y sin darnos cuenta? Yoly Zugasti, entonces productora del programa *Primer Impacto,* entusiasmadísima, me había recomendado la historia: «No te imaginas, Collins, es súper interesante porque hay soluciones. Se trata de una organización que no cobra y que renegocia las deudas. Es algo que a todos interesa porque casi todo el mundo vive endeudado».

¡Por supuesto que sonaba más que interesante! . . . Comenzando por mí misma.

De pronto me encontré sentada en Consumer Credit Counseling Services, una empresa sin fines de lucro, dependiente de la organización caritativa United Way. La persona que estábamos entrevistando recitaba con absoluta familiaridad la retahíla de tormentos y castigos que penden sobre los compradores sin control, al grado que atrajo de inmediato mi atención:

«El promedio de deudas de una persona que vive en los Estados Unidos por concepto de tarjetas de crédito va de los $20,000 a los $25,000. No son muchos los que sobreviven sin dañar su crédito, pagando puntualmente —o más o menos puntualmente— el mínimo de la tarjeta o las tarjetas que tienen. Pero ¿qué sucede con la gran mayoría que no lo hace? ¿Se ha preguntado qué sucede con esa enorme mayoría que no puede hacerlo? ¿Sabe usted qué sucede con ellos?»

La cara de aquel hombre se iba tornando seria y grave, como si estuviera anunciando el fin del mundo.

«Aquellos que compran y compran porque pueden pagar el mínimo de las tarjetas, pero que no liquidan el total de la deuda, difícilmente saldrán del compromiso e inevitablemente ¡llegarán a encontrarse con que no podrán pagar más! ¿Comprende? ¡NO–PODRÁN–PAGAR–MÁS! ¿Y cuál es su futuro? ¡LA BAN–CA–RRO–TA!"

A cada palabra de negro presagio que parecía ex profeso dedicada a mí, simplemente sentí que me sumía más y más en la silla donde estaba sentada. Evidentemente, aquellas declaraciones eran maravillosas para el efecto del televidente irredento. Pero a nivel personal, el personaje aquel me estaba dando "hasta con el palo de la escoba", y todavía faltaba la mejor parte.

«¿Sabe cuántas tarjetas de crédito tiene una persona que nunca saldrá de deudas y terminará con el crédito destrozado por no poder pagarlas debido a situaciones impredecibles como enfermedad o pérdida del empleo?»

Como cordero al borde del sacrificio y aterrorizada, alcancé sólo a menear negativamente la cabeza . . .

«Quienes nunca salen de las deudas, mi amiga, tienen entre diez y quince tarjetas de crédito. Es difícil que, sin un firme control (el cual nunca antes han tenido), estas personas vuelvan a encaminar su vida.»

Hasta ahí aguanté. Aquello había retumbado en mis tímpanos como batería de roquero desafinado, y mis ojos desorbitados por semejante estadística parecían los de un búho a media noche. Con voz apenas perceptible, pude preguntar: «¿De diez a quince tarjetas los que nunca salen del monstruoso laberinto del crédito?»

El consejero orondamente respondió: «Tal y como lo está escuchando».

Lo que siguió parece argumento de serie cómica.

«Un momento, que voy y vengo», dije antes de salir corriendo del lugar, desenfrenada. El camarógrafo no entendía español y no comprendía lo que sucedía para que hubiera cometido semejante disparate. Ya en el estacionamiento, enloquecida, saqué mi pesadísima bolsa del maletero, y desesperada, ahí mismo, fui contando una a una todas las tarjetas de crédito que llevaba en el monedero. Es la cuenta más amarga de cuantas recuerdo: una, dos, tres, cinco, diez, quince, veintiuna . . . y veintidós tarjetas de crédito. ¡¡Vein–ti–dós!! Ni una más (porque seguramente no tuve oportunidad de solicitarla) y ni una menos (porque en realidad creo haberlas tenido casi todas).

No supe qué hacer, en realidad quise huir del sitio, pero el poco sentido común que aún me sostenía me llevó a lo que "se caía de la mata" que tenía que hacer: regresar con mi problema a cuestas a terminar aquella entrevista, haciendo a un lado a quienes me vieron salir del sitio, aparentemente sin otro motivo que la falta de unos cuantos tornillos en el cerebro.

No sé cómo terminé aquello, y me importó un soberano comino lo que pensaran de mí. Sólo recuerdo que a partir de aquel momento me acompañó permanentemente y durante años, la terrible sensación de estar al borde de un precipicio. A esto se unieron el miedo y la terrible inseguridad de saber que mi mundo de fantasía, aquel que me proporcionaban las tarjetas de crédito donde quiera que se me ocurriera comprar algo, simplemente no existía. De regreso a la oficina, Simon, judío de nacimiento, y por tanto un hombre que valora cada centavo que gana, escuchó con la boca abierta la explicación de lo que me había sucedido en aquella entrevista y de por qué había salido corriendo a contar las tarjetas de crédito en el parqueo.

—¿Veintidós? Estás segura, Collins, ¿vein–ti–dós?

—Ni una más ni una menos —le respondí soltándome a llorar desconsoladamente.

Hombre duro, que difícilmente pierde la compostura, Simon me veía de reojo y conducía sin saber qué hacer:

—Nunca he estado ante semejante desastre financiero. Pero no queda otra, o lo compones con todo el sacrificio que dice el hombre que hemos entrevistado . . . o te hundes irremediablemente.

Ni lenta ni perezosa respondí a la defensiva:

—No, no, ése no es mi caso. ¿No te das cuenta de que yo puedo pagar el mínimo mensual, que tengo un trabajo estable y que la palabra "bancarrota" no está ni cerca de entrar en mi vocabulario?

—No lo sé, Collins, la verdad es que ésta es una voz de alarma que ha sonado en tu vida. Si no lo fuera, ¿por qué saliste corriendo? No sé que irás a hacer, pero veintidós tarjetas de crédito no son motivo de orgullo. Que tú te niegues a aceptarlo significa que no estás buscando ayuda, que estás en el período de negación. Tú sabrás qué decisiones tomas, pero algo tienes que hacer.

De sobra está decir que no dormí esa noche. Que mil y una pesadillas del pasado vinieron a mi mente. Pocas veces como entonces me he sentido tan desolada y desprotegida. En medio de aquel vendaval, tenía terror a reconocer una palabra que me describía perfectamente: adicta a comprar con tarjetas de crédito. No, no, eso no me está pasando a mí, intentaba repetirme sin exito. ¿Por qué tendría que sucederme cuando me he pasado la vida luchando por sacar adelante a mis dos hijas, a mis padres y a mi familia?

En casa presentían que algo malo estaba sucediendo y no preguntaron nada. Llegué y me encerré en mi recámara sin hablar con nadie. Recuerdo haber vaciado nuevamente el bolso, esta vez sobre la cama para contar y recontar las veintidós tarjetas de crédito. Había que hacer algo, pero no sabía por dónde comenzar. El terror de la miseria se apoderó de mis sueños aquella noche, convirtiéndolos en pesadilla. Al día siguiente la llamada de Simon Ehrlich me despertó:

—Me quedé preocupado y creo saber por dónde puedes comenzar.

En ese entonces, divorciada y sin un cerebro masculino a mi lado que me ayudase a tomar decisiones financieras, éstas recaían generalmente en mi hermano Raymundo, o en buenos amigos como Jorge Ramos, mi comadre Josefina Melo o el mismo Simon. Raymundo, a pesar de ser menor que yo, desde niño fue muy medido con el dinero que a temprana edad comenzó a ganar para ayudar en la casa. Los consejos de Jorge, por otra parte, siempre han sido los de un amigo que me quiere de verdad. Lo mismo los de mi comadre Josefina, mujer que hace maravillas para hacer rendir el dinero, y las recomendaciones de Simon vienen de un hombre que junto con Bonnie, su esposa, ha construido una familia económica y afectivamente estable y algo más. A fin de cuentas, los camarógrafos como él son las personas que más conviven con nosotros los reporteros. Ambos pasamos muchísimo tiempo juntos: nosotros con ellos y ellos con nosotros, y al final, resulta una verdadera relación de socios laborales, hermanos y amigos que terminan conociéndose mejor que lo que nos conoce nuestra propia familia. Así, aquella mañana, Simon verdaderamente se convirtió en la voz de mi conciencia.

«Collins, Collins, tienes que comenzar por revisar tu presupuesto. En tu casa hay dos carros que pagas y sólo utilizas uno. Deberás deshacerte del que tu hija ya no utiliza, o bien aquel tuyo que tanto te gusta y te costó poder comprar. El caso es que tienes que pagar uno solo, porque a fin de cuentas uno solo es el que puedes manejar. Finalmente, también tendrás que decidir lo mas complicado: qué vas a hacer con las veintidós tarjetas de crédito. Te repito, tienes que comenzar con algo, pero tienes que empezar».

Le hice caso. Revisé el presupuesto. Simon tenía razón. Estaba pagando dos autos, por consiguiente dos seguros . . . y sólo podía manejar uno. Decidí deshacerme del Toyota que era un *lease*, es decir un auto arrendado a cierto tiempo, y que en su momento usó mi hija mayor. Pero fue imposible. Regresarlo equivalía a pagar los dos años que faltaban del contrato de arrendamiento, y entonces . . . ¿cuál sería el ahorro? No, no, ésa no era la salida. Como dicen en mi pueblo: Hubo dos sopas, de fideos y de jodeos. Pero la de fideos se terminó.

La única opción que me quedaba realmente era la más dolorosa: deshacerme de mi amadísimo Mercedes Benz. Era el llamado *baby,* el más barato y el más pequeñito de la línea. Comprarlo no significó un acto de mera vanidad, sino cumplir una de las cosas con que había soñado desde siempre y por la que había trabajado sin descanso. Lo adoraba. Lo llamaba Blackie porque era de color negro. Gocé cada momento del año que lo tuve, y recuerdo los primeros días, cuando al verlo estacionado en casa rezaba un padrenuestro dándole gracias a Dios por haberme permitido alcanzar aquella meta. Pero el sueño duró poco. Y nuevamente en medio de otra asignación, al pobre Simon Ehrlich le tocó la "aventura" de decidir qué hacer con mi amado carro.

«Tendrás que amarrarte el ego, vender al Blackie, y usar a diario el Toyota que tiene el *lease.* A fin de cuentas la meta será ahorrar los casi mil dólares que gastas mensualmente entre el pago y el seguro, y aplicar todo ese dinero a disminuir las deudas de las tarjetas. Pero haz una cosa a la vez, así que lo primero es vender el auto».

¿Cómo hacerlo? Eso se decidió durante las largas jornadas del *Noticiero Univision Fin de Semana,* donde era la presentadora desde 1993. Como en familia, cuando alguno de los escasos y distinguidos miembros del equipo pedían y piden un consejo, de inmediato le llueven las opciones. Exactamente eso me sucedió a mí.

«Anúncialo en el periódico y así podrás sacarle un poco más», me aconsejó la mayoría. «Si lo llevas a la agencia donde lo compraste, te van a dar poquísimo dinero porque a fin de cuentas tienen que cubrir el margen de ganancia, mientras que haciéndolo tú, eso te lo ahorras». *Yeah, right . . . ,* por lo menos, ése no fue mi caso.

La venta de Blackie se convirtió en un martirio que duró dos semanas. Efectivamente, luego del anuncio en el periódico, toda una retahíla de compradores me llamaron con las ofertas más absurdas e indignantes. Uno me daba algo así como tres mil pesos por el auto ¡con menos de un año de uso! «Yo creo que usted se equivocó —indignada dije a un descarado aspirante a dueño de Blackie—. Aquí estoy vendiendo un auto que compré con mi dinero, no un auto que me robé y del que me tengo que deshacer». Cada llamada era peor. De eso es testigo Gaby Tristán, entonces productora asociada del noticiero, que conocía mis penas. «¿Por qué no intentas en la agencia? Quizá las cosas no son como todos dicen y resulta mejor negocio que intentar venderlo por ti misma». Y Gaby no se equivocó.

Nuevamente el pobre Simon Ehrlich me acompañó en aquel amargo momento para sanear mi economía. «Ahora mismo que vamos camino a una asignación lo dejamos en la agencia. No lo pienses más».

Eso mismo hicimos. Apenas llegamos, y luego de que el incrédulo vendedor, que meses antes me había visto comprar mi carro feliz de la vida, escuchara las sinceras razones que tenía para tener que deshacerme de él, lo tomó en venta sin mayor problema. Para nuestra sorpresa, mientras cambiábamos mis cosas al vehículo de Simon, el vendedor llegó corriendo. «Ha sucedido lo que menos imaginaba. Lo puse en la computadora. ¡¡Y lo he vendido en menos de quince minutos!! El nuevo comprador viene por él en una hora. Así que haciendo las cuentas, pagando lo que se debe, probablemente le enviaremos un buen cheque».

El regreso sin Blackie fue un momento amargo que me ha hecho saborear las buenas cosas que llegaron mucho tiempo después. Por lo pronto, Simon trataba de distraerme para que no siguiera llorando. Atrás había quedado una etapa y había comenzado lo que debería ser una reconstrucción financiera antes del desastre. Pero dolía y mucho. Una semana después de la venta, el distribuidor de autos me envió un cheque por mil dólares. Quinientos más de los que hubiera ganado a duras penas vendiéndolo por mí misma, y ahorrándome los berrinches, perretas y *tantrums* que pasé con cada seudoferta. Pero la vida apenas comenzaba a enseñarme más sobre la condición humana.

Al día siguiente, en el estacionamiento de Univision, un conocido colega cuyo nombre omito, me dio el baño de agua fría con que la vanidad cataloga a las personas. Este personaje a quien durante años únicamente saludé como vecino de estacionamiento, al verme llegar en el viejo Toyota, sin pensarlo y sin siquiera darme los buenos días, me soltó el golpe directo a la cara: «Mira qué bajón de categoría has dado. Antes andabas en un Mercedes . . . y ahora en esa viejura, niña, por Dios». Sólo alcancé a decirle que yo no era ni más ni menos por el auto que manejaba. Altanero, volvió a responderme: «Estás equivocada. En este negocio sí, y te cuento algo peor: será difícil que puedas volver a comprarte otro».

Sin palabras y sin comentarios.

Lo cierto es que aquello me hirió profundamente, pero no había nada más que hacer, sólo conformarme con la ventaja de tener casi mil dólares de holgura para pagar las tarjetas . . . y ya.

«Eso es lo único en lo que tienes que pensar, lo demás mándalo al carajo —sentenció mi comadre Josefina Melo—. A ti nadie te da un dólar para mantener tu casa, ¿entonces, comadre? Que te importe muy poco lo que digan tipos como ése. Tú verás que si haces las cosas bien, todo va a ser distinto y te vas a comprar otro auto y todos los que quieras». Eso me sonó tan distante como Saturno de la Tierra, especialmente con una hija en la universidad.

Aquella noche nuevamente Adrianna y Antonietta, mis hijas, entendieron la tristeza que me embargaba, pero les di la mejor lección: «Los bienes son para componer los males». Ya no teníamos a Blackie, pero su venta había servido para comenzar a enmendar algo que no estaba bien.

¿Quiere saber cómo terminó la anécdota del auto? Dos años después, en el aeropuerto de Bogotá, a donde había llegado a cubrir unas elecciones presidenciales, un hombre se me acercó mientras recogía mi equipaje: «Quiero contarle algo que seguramente le va a dar gusto saber. Mi hija es la dueña de su Blackie». Sorprendida, le pregunté cómo sabía el nombre con el que yo llamaba a mi amado auto. «Verá, nosotros andábamos en busca de un carro exactamente igual al suyo, cuando sorpresivamente me avisaron de la agencia que había llegado uno, cosa extremadamente rara. De inmediato lo compré y el vendedor nos contó la historia. Quiero que sepa que su Blackie quedó en las mejores manos. Mi hija lo adora y lo cuida como a un bebé . . . y lo sigue llamando así».

Alcancé a darle las gracias y a desearles la mejor de la suerte, mientras . . . mientras . . . adivine quién observaba intrigado la escena . . . ¡Simon Ehrlich, mi camarógrafo, que por supuesto, me acompañaba en aquella asignación! Le hice el cuento con detalle, antes de que el pobre diera un grito: «¡Noooo, no más drama, Collins, nooooo!»

A todo esto, si piensa que luego de la venta del carro y con lo que me sobró comencé la reconstrucción de la deuda de las tarjetas de crédito . . . está equivocado. Hice el reportaje, sí, y quedó de lo más interesante. Pero nada más. Tardé un año más en "tocar fondo". No y no, me repetía a la menor insinuación de convertirme en alumna distinguida del programa de Consumer Counseling Services. Reestructurar mi deuda implicaba quedarme sin ninguna tarjeta de crédito. No imaginaba esta vida sin ellas, al tiempo que dentro de mí comencé a sentir una viejísima sensación de inseguridad y angustia que siempre acompañaba las penurias económicas vividas en mi adolescencia. De pronto, los fantasmas de un apocalipsis financiero que me podría atacar en cualquier minuto comenzaron a martirizarme, tal y como nos sucedía a mis hermanos y a mí cuando mis padres, sin mayores recursos, debían lo que comíamos y vestíamos y hasta tenían cuatro meses de atraso en el pago del alquiler de la casa. ¡Ufff! Tenía terror de volver a vivir aquello. Pero no tuve el valor de hacer algo por detenerlo. Por el contrario. Seguí pagando y pagando con los veintidós pedazos de plástico colorido que compran sueños y arman castillos, queriendo anestesiarme ante la realidad de que ese precio, en la mayoría de los casos, no acaba por pagarse nunca.

Capítulo 2

UNA MUCHACHA POBRE

EN MI OFICINA Y EN MI CASA, entre las decenas de objetos del pasado que siempre me acompañan, hay una fotografía que es muy especial: la de la casa donde crecí en Coatzacoalcos, Veracruz, México. No puede ser más pobre, no puede ser más falta de todas las cosas. Es chiquitita, estrecha y fea. Sin embargo, para mí, es bella. Es mi mejor lección.

Cuando me preguntan lo que significa esa foto, a la que veo de frente en el escritorio, generalmente mi respuesta es la misma: «Está ahí para recordarme de donde vine, a donde he llegado y a donde quiero ir». Sorprendentemente, casi treinta años después de que salimos de esa casita del vecindario de Allende, separada de la civilización por el río Coatzacoalcos (que cruzábamos en lancha varias veces al día), es una vivienda que sigue tal y como la dejamos: como si el tiempo se hubiera detenido en la década de los sesenta, cuando mis padres, siempre atrasados en el pago de la renta, "la pasaban negra" para juntar el dinero que evitara que nos pusieran "patitas en la calle". La casa es fuerte. Ha resistido muchas cosas, y lo que más me impacta es que sigue pintada con el mismo color verde, un color que cuando lo veo en otras partes siempre me trae nostalgia. ¿Quién escogió semejante color? ¿Escoger? ¡Eso ni se preguntaba! Era lo que había y ya. Gustara a quien gustara.

Carlos Collins Ponce, mi padre, un ingeniero agrónomo que es la perfecta definición de lo románticamente honesto, se dedicaba a medir tierras de cultivo en los ejidos del sur de Veracruz para que sus dueños las pudieran legalizar. Si sus clientes hubieran sido gente de clase media para arriba, las cosas hubieran sido diferentes. Pero el caso es que quienes requerían de sus servicios eran en su totalidad gente pobre, lo que significaba que cada nuevo trabajo que le caía, en lugar de darle dinero para cubrir las necesidades de su familia, terminaba siendo un desastre financiero. La mayoría de las veces (por no decir que todas) la historia era la misma: campesinos al borde de perder sus parcelas por no poder hacer los planos para legalizarlas. ¿Y que pasaba entonces? Que llegaba mi buenísimo papá, hacía el trabajo aceptando de antemano que quizá no hubiera paga, y si la había, no siempre era en dinero, sino con las más extrañas mercancías. «Es que no tenían nada más para pagarme —le confesaba a mi madre— y bueno, acepté esto, porque es mejor que nada. Por lo menos hice la buena obra y esos pobres campesinos podrán legalizar sus tierras».

¿Pobres campesinos? Recuerdo haberle cuestionado enojada en muchas ocasiones. ¡Pobres nosotros, papá! ¡Pobres porque ni siquiera casa propia tenemos y nos andan corriendo porque no pagas a tiempo! Fiel a sus ideas, papá no hacía el más mínimo caso y sonreía bonachonamente, para continuar haciendo lo que quería. En una de esas transacciones que rayaban en el trueque llegó un buen día a casa con unas cuantas cubetas de pintura. ¿El color? Un verde mezclado entre color de cotorro y fondo de botella. Mi mamá, sin pensarlo, rápidamente le dio uso. «Hay que pintar la casa niños, recuerden que somos pobres . . . pero no sucios. Así que a darle duro a la brocha para que esto se vea bonito». En verdad que trataba de darle buena cara al mal tiempo, porque de otra forma se hubiera dado cuenta que aquel tono espantoso contrastaba con la última de las "transacciones de negocios" que recién había logrado el jefe de los Collins en Coatzacoalcos. Se trataba de la ocasión en que alguien pagó sus honorarios de ingeniero agrónomo . . . con unos gigantescos rollos de tela de franela . . . de color ¡ROJO ENCENDIDO!

«Carlos, por Dios, ¿y ahora que vamos a hacer con toda esta tela, cuando necesitamos dinero para pagar las deudas y darles de comer a cinco hijos?» La placidez de mi papá en aquellos momentos se ha vuelto anécdota histórica que mi hermano Raymundo y yo contamos sin la menor vergüenza: papá no tendría cabeza para cobrar, ¡pero como le gustaba improvisar!

Así que pronto nos informó que aquella franela espantosa (y sobre todo caliente en un lugar selvático donde los ventiladores eran simples pedazos de cartón para mover con las manos en época de calor), esa tela tan invernal, serviría no solo para hacer sábanas y colchas que utilizaríamos durante todo el año . . . ¡sino también para tapizar el maltrechísimo juego de sala que se estaba deshaciendo a jirones! Horror y más horror. Parecíamos la versión humana de una sandía: verdes por fuera y rojos por dentro. Daba "pena ajena" que alguien llegara y viera semejante combinación, y hasta hoy no sé cómo nuestras retinas resistieron aquellos coloridos embates a diario.

En estos tiempos, por menos que eso, un hijo puede acusar a sus padres de abuso ante las autoridades. Pero nosotros reímos y reímos nada más de recordar aquellos colores trepidantes, escenografía de nuestra niñez y adolescencia, y que nos hizo vivir en una especie de Macondo que envidiaría para su narrativa el mismísimo Gabriel García Márquez. Con todo este preámbulo novelesco, enorme fue la sorpresa que nos llevamos Raymundo, Fabio mi marido y yo, cuando en septiembre de 2003 visitamos la casita de Allende y la encontramos exactamente igual. ¿Con todo y la pintura? Así mismo.

El fregado color verde aquel salió de tan buena calidad, que sigue ahí pegado en las paredes tal y como lo pusimos hace más treinta años. Por esa y muchas razones más, esa casa me sigue marcando, pero también me sigue defendiendo en la vida. Cuando me he sentido agredida y me autoflagelo con lo que llamo "mi complejo del rancho" que me vuelve vulnerable, basta con ver esa foto para crecerme ante el castigo. Ahí sí que me repito: «!No, Collins, no! No puedes dejarte de nadie . . . si tú saliste de esas cuatro paredes; si sobrevivías a diario cruzando el río más caudaloso de México a bordo de una lancha que amenazaba con hundirse a cada rato y has llegado hasta aquí . . . eres más fuerte que quienes te ofenden y te ponen trabas». Esto basta y sobra para que de inmediato me convierta en una pantera y me defienda de los agresores. En este punto quizá se esté preguntando: *Okay.* Todo está muy bien . . . pero ¿y qué tienen que ver las veintidós tarjetas de crédito, motivo inicial de este libro, con la tragicómica historia de pobres niños pobres? Ahh . . . mucho. Voy para allá.

Si tengo que culpar a algo o a alguien de todos los dispendios que he cometido en mis años adultos, la psicología me ha dado el mejor de los pretextos: fue el haber sido pobre, y pobre de verdad, pero a diferencia de muchos, pobre de dinero, ¡pero nunca de espíritu!

Total, que ahorrando lo que no tenía para el psiquiatra, con una simple retrospectiva de mi vida, hace años di con el clavo de que en aquella casa, tan lejana de los Estados Unidos, yacen intactas las paradojas de mi vida. Me explico mejor. Ahí está la razón principal que Fabio, mi marido, no entiende: el porqué de mi obsesión de cambiar a cada rato el color de las paredes de la casa. También, en esa casa donde el juego de sala estaba forrado de franela roja, y al que, por cierto, le faltaba una pata y lo sostenían un par de ladrillos, se encuentra el meollo de mis angustias por comprar, pintar y tapizar muebles, al grado que aprendí a hacerlo con mis propias manitas.

Para Fabio es algo incomprensible, aunque él vivió lo mismo, pero por razones políticas y no familiares. Creció en la Cuba comunista bajo un régimen donde tampoco había comida, ropa o pintura para arreglar las casas. La culpa, sin embargo, no era de sus padres, sino de Fidel Castro. Total, que Fabio solucionó su problema al dejar su patria y hoy no le da importancia a los detalles. Pero lo mío es totalmente distinto, porque es personal y durante años ha estado peligrosamente guardado en lo más profundo de mi inconsciente, esperando la oportunidad de sabotearme.

CON ROPA USADA . . .

Cuando en 2002 salió a la venta mi segundo libro, *Quien dijo que no se puede,* y en el sitio de Internet de la librería Barnes & Noble una lectora escribió su opinión sobre el libro, su comentario llevó mi mente hasta mis primeros años en Coatzacoalcos. Era una mujer que dijo haber comprado y leído el libro durante un vuelo de nueve horas de Atlanta a Sao Paulo. En su mensaje contaba que se identificó plenamente con la historia de mi sobrepeso y el de mi hija mayor, y cómo la clave de nuestro éxito le parecía lo más sensato. Con una excepción: que yo hablaba de que me había dado masajes reductores. «Si tengo que hacer una crítica, ésta sería únicamente que cuando alguien tiene el dinero y los recursos de la señora Collins . . . ¡así cualquiera puede verse delgada!»

¿Rica y con recursos de sobra? ¿Hablaba de mí? Quise escribirle para contarle esta parte de mi vida, pero no supe a donde hacerlo. Le hubiera dicho que con sus líneas me hizo ver lo que hace treinta años me hubiera parecido burla: que un día alguien asegurara que yo tenía los recursos para poder hacer lo que quisiera en la vida, comenzando por gastar dinero en cosas triviales como masajes reductores. Esta apreciación es el contraste completo con mi adolescencia y mis inicios en la televisión en México, allá por 1974. En aquella época, sin ropa adecuada (y sin dinero para comprarla) solucionaba el problemón usando la que me regalaban amigas de verdad, como mi comadre, la presentadora de televisión Talina Fernández, quien además, en un gesto altruista, me prohibía contar la anécdota para que no me atacara nadie. No le hice caso y nunca callé semejante acto de bondad. Ni entonces ni ahora me da vergüenza decirlo, al contrario. No tener dinero no es un pecado, y quienes tienden la mano en esos momentos, son ángeles que nos acompañan en el camino. En mi vida, a Dios gracias, siempre han existido esos seres. La Chata Tubilla, Maria Victoria Castillejos y Lilia Irene Lemarroy de López, todas ellas amigas de la infancia de Coatzacoalcos saben que esto es cierto porque en su momento también me regalaron ropa.

Pero esa no es la única historia que me ha marcado. También la comida . . . y hasta mi debilidad exacerbada por los zapatos. Si mis papás no tenían dinero para sostener a cinco hijos y vestirlos, tampoco tenían para comprarles calzado. En el mejor de los casos, alcanzaba para darnos un par por año, que lo mismo servía para ir a la escuela, a las fiestas y a la iglesia. Durante mucho tiempo esto fue así, sin importar la temporada, ni mucho menos la moda. Ahí supe lo que eran las burlas de las malas amigas, pero también aprendí a que eso no me hiciera mella. En el verano, aquellos zapatos negros de suela de hule tipo oruga de tractor Carterpillar amenazaban con derretirnos los pies por lo caliente de sus materiales, y en temporada de lluvia y vientos del "norte", ni que decir que entonces aquellos zapatos parecían lanchas porque sobrevivían a diluvios torrenciales . . . Y seguían intactos hasta que un hueco en la suela, difícil de disimular, gritaba a gritos que había que comprar otros, lo que pasaba más o menos cada año y medio.

Así transcurrió la primera etapa de mi vida. Sin ahorros, ni padres que tuvieran planeadores financieros o pensaran en ningún tipo de seguro o fondo de retiro, ni médicos ortodoncistas, ni nutricionistas, gimnasios, vacaciones, auto o aire acondicionado. Era vivir el día a día con lo básico, a base de estudios y sueños para lograr algún día lo que tanto quería y que hasta entonces se me había negado. Esta historia es parte de la broma favorita de mis hijas Adrianna y Antonietta. Simplemente no creen, y por el contrario, juran y perjuran que la inventé. «Ay mamaaaá, ¡come on! ¿Quién puede sobrevivir en medio de esa miseria? ¡Please!»

Lo cierto es que hubiera sido mejor que se tratara de algo ficticio, porque esa mezcla de "Anita la huerfanita" de la vida real, con los años, se transformó peligrosamente en mi peor enemigo. Es alguien que ha vivido en mi interior y que, sin darme cuenta, me encaminó a un futuro de locuras financieras que estuvieron a punto de destruirme.

Capítulo 3

POCO A POCO EN
LA MARAÑA

PERIODÍSTICAMENTE, si 1993 fue un año difícil, 1994 ni se diga. En 1993, mis viajes, que habían sido continuos, arreciaron luego del asesinato de Luis Donaldo Colosio, el candidato presidencial mexicano, aunque nada se comparaba con lo que nos vendría en los siguientes doce meses. 1994 comenzó duro y tupido (y por consiguiente viajando desde el mismo primero de enero) con la insurgencia de los guerrilleros zapatistas de Chiapas. Después fui a todas partes tantas veces que, por momentos, más parecía asistente de vuelo que periodista de la cadena Univision. La cuenta final marcó 210 días fuera de mi casa. Dos–cien–tos diez días, que dan la clara proporción de que, mientras en la pantalla de televisión yo aparecía donde estuviera la noticia, en casa sólo les quedaba el recurso de verme en el noticiero. Fue el peor tiempo para cumplir con mis obligaciones maternas, que literalmente tuve que cumplir a larga distancia. Las cuentas telefónicas tomaron proporciones gigantescas ya que por lo menos tres o cuatro veces al día llamaba de donde estuviera para supervisar a mis dos hijas. ¿Ya se bañaron? ¿Hicieron la tarea? ¿Te cepillaste los dientes? ¿Cómo te fue en el examen? Imagino que en algunas ocasiones, molestas, me habrán torcido los ojos o me hicieron caras, pero eso no podía verse por el hilo telefónico.

Parecía ser que yo estaba al tanto de todo. Pero no era cierto. ¿Cómo hacerlo en medio de los disturbios en Haití, Jamaica o de plano en la Conchinchina? Con el mayor complejo de culpa, recuerdo la respuesta usual de mi hermana Raquel, encargada de Adrianna y Antonietta en mi ausencia, cuando preguntaba cómo iba todo en casa: «Bien, bien, no te preocupes».

Lo cierto es que sí había poderosas razones para preocuparme. Con cada viaje, algo iba agravándose peligrosamente: mis finanzas. Apenas me estaba recuperando económicamente del recorte de una cuarta parte de mi salario luego de que el programa *Al mediodía* (para el que me habían transferido de Texas a Miami) fuera cancelado cuatro meses después de estar al aire. Esto significó una importante disminución de mi presupuesto y, sin embargo, no cambió para nada el ritmo de vida al que acostumbré a mi familia. Sin importar nada más que salir adelante, poco a poco fui superando el bache . . . o creí hacerlo. Pero era algo ficticio, porque todo se obtenía firmando y volviendo a firmar. Mientras más viajaba, mi sentimiento de culpa por las ausencias me motivaba a autorizar más y más a mi hermana a que hiciera todo lo necesario para que mis niñas se sintieran bien. ¿Eso significaba desayunar, comer y cenar en restaurantes? ¿Qué se les antoja, un elefante rosa? Adelante, ¡para eso su madre se rompe el lomo trabajando!

EL FACTOR COATZACOALCOS

En este punto ese gran factor psicológico de mi pasado volvió a jugar en mi contra: que mis hijas no pasaran, ni en sueños, las dificultades que yo viví de niña, sin importar lo que esto costara. Que tuvieran de inmediato la ropa, los zapatos y todo lo que se les antojara, aunque en decenas de ocasiones no lo usaran siquiera una sola vez. ¡Qué importa! Era lo que bauticé como el "factor

Coatzacoalcos" en su más pura expresión, dictando órdenes a mi cerebro sobre la base de mis carencias juveniles. Que nadie humille a mis hijas por no tener lo que tienen las demás, que al fin y al cabo . . . ¡en mí tienen mucha madre para comprar lo que sea! Esto último parecía ser mi "mantra" o frase favorita, porque la repetía a cada rato cuando, a pesar de saber que ya no podía hacerlo, firmaba y firmaba más tarjetas de crédito. La que fuera, la que me ofrecieran.

Así fue como la casa del vecindario de Allende, al cruzar el río Coatzacoalcos, seguía marcándome cuarenta años después en los Estados Unidos. Cambié el color de las paredes doce veces, el mosaico del piso en dos ocasiones y los muebles, tantas, que perdí la cuenta. «No y no —me seguía repitiendo al menor pretexto—, mis hijas no van a pasar la vergüenza de nosotros, con una casa pintada de verde y unos muebles de sala desbaratados y cubiertos con una franela roja todo el año. ¡Faltaba más! Si durante años mi gran afición por las antigüedades me llevó a comprar el mobiliario que nos ha acompañado por todas partes, en ese período de compras locas la afición se agravó peligrosamente. Las niñas cerraban los ojos con cada nueva adquisición: «Ay, mamaaaaá. No, otro mueble más no. ¿Que no te das cuenta que ya casi no cabemos nosotras con tanta cosa que compras?» Yo simplemente les respondía lo mismo: «La casa se ve linda . . . ¿o no?»

¡Por supuesto que lucía linda! Pero otras cosas, no.

Si tuve la primera alerta a mediados de 1994 cuando hice el reportaje acerca del programa para control de deudas con tarjetas de crédito y no hice nada por remediar la situación, la segunda, meses después, también pasó como de noche por mi vida. Me habían llamado del banco para informarme que mis ahorros estaban en cero. ¡Imposible! «Seguramente hay un error», dije en el primer momento. Desgraciadamente, luego de las investigaciones de rigor, la realidad fue cruda: los pagos mensuales de las tarjetas de crédito devoraron los ahorros de mucho tiempo. Aún así, preferí ignorar la situación, «al cabo que me queda el dinero de holgura luego de haber vendido a Blackie. Más claro: vivía en la negación, repitiéndome como un cotorro que pronto comenzaría a salir de deudas. «El mes entrante me aprieto el cinturón. Hoy no, porque he estado mucho tiempo fuera y si las niñas quieren algo, por supuesto que se los doy sin ningún problema. No me voy a martirizar con broncas mentales, que hay más tiempo que vida». Ignoré el peligro cubriéndolo con más dosis de negación.

¡Ay, el "factor Coatzacoalcos" otra vez haciéndose presente! En ocasiones como esas, la calma sin razón me llegaba con alguna frase favorita de mi papá. Por ejemplo, recuerdo que cuando no había dinero ni siquiera para pagar el equivalente a veinticinco centavos de dólar que costaba el pasaje en las lanchitas que cruzaban el río hacia la parte principal de la ciudad, él siempre decía: «Si tu mal tiene cura, ¿qué te apura? Y si no tiene, también, ¿qué te apura?» Dos o tres días después tenía el dinero, y la vida seguía igual.

De forma diferente, pero en esencia la misma, eso me siguió marcando peligrosamente, porque realmente no imagino de qué forma pensaba pagar veintidós tarjetas de crédito si el tiempo que me dejaba libre el trabajo transcurría en los *malls,* los centros comerciales. ¿De qué forma frenaría la situación si vivía comprando y comprando para olvidar las penas, y cómo lograrlo si a cada rato aceptaba y usaba las nuevas tarjetas de crédito que me seguían llegando? Por supuesto que la respuesta es: de ninguna, porque me estaba encaminando a la hecatombe financiera.

¿Cuánto debía? ¡Yo que sé! Parte de la negación y el descontrol es no conocer los detalles, y algo más: tener terror a abrir los estados de cuenta que llegan por correo. Igual que todos los deudores compulsivos, tenía pereza de hacer balance en la chequera y apatía para revisar las cuentas por pagar, haciéndolas a un lado mientras me volvía a repetir: «al rato las abro». Imagino que quizá esperaba que Walter Mercado me enviara la señal telepática o un poder divino que me solucionara el problema. Indiscutiblemente, estaba total y absolutamente fuera de control y sin fuerza de voluntad para detener el carro cuesta abajo.

Al mismo tiempo, a mi alrededor las cosas eran favorables para aquellos que tenían fuerza de voluntad. Una de ellas era Coynthia Perez-Mon, hoy productora ejecutiva del programa de investigación *Aquí y Ahora* y en ese entonces la primera productora del *Noticiero Univision Fin de Semana,* con quien trabajé como presentadora. Un sábado que recuerdo hasta el día de hoy, sus gritos de alegría llamaron nuestra atención en la redacción. «Estoy feliz. Este es el último cheque que escribo para pagar mis deudas. Con éste, Augusto mi esposo y yo saldamos todo lo que debíamos. Hemos hecho un gran esfuerzo . . . pero lo hemos logrado. ¡Ya no debemos nada a nadie!»

En ese entonces Coynthia me pudo haber dado la gran lección, pero a mí simplemente no me interesaba tomar la clase. Únicamente recuerdo haber sentido la necesidad de ser como ella, alguien con fuerza de voluntad y a quien el mundo se le iba abriendo, mientras yo seguía hundiéndome más y más.

Así llegó la navidad de 1994, una que no podré olvidar a causa de mi descontrol en las compras. Sentía estrés y me lo quitaba en las tiendas. «Esto para fulanita, esto para perenganita, aquello para sabe Dios quien más», en fin, que con ese "son" llegué a adquirir casi sesenta regalos para los miembros de la familia que en realidad en ese momento no llegábamos a ocho en la casa de Miami, es decir, ¡a un promedio de siete por persona! Afortunadamente, mi debilidad es tomar fotografías que prueben estas historias de terror y ahí están las que muestran media sala inundada de cajas y más cajas envueltas de regalos navideños, sin que por un solo momento en medio de ese remolino de comprar y firmar me detuviera a preguntarme cómo iba a pagarlas.

Mi recompensa me llegó esa navidad en las caras de mis hijas, quienes abrían uno a uno sus regalos, sorprendidas y felices con cada caja, mientras yo, nuevamente volvía al pasado: «Qué diferencia de nuestras navidades —le comentaba a mi hermana Raquel—, cuando en lugar de pavo, sólo comíamos un pollo rostizado para todos y el tradicional bacalao, que durante un buen tiempo fue regalo de algún vecino generoso . . . y ya de regalos ni hablemos». Imágenes como ésa fueron el anestésico que me dormía para no pensar en lo que haría para pagar aquel mar de obsequios comprados de la forma más fácil y la que menos duele: a puro tarjetazo de crédito.

Ejemplos como éste ocurrieron en el curso de dos años y medio con una retahíla de motivos: el día de la madre, del niño, del maestro, los cumpleaños de todo el mundo. ¿Quiere saber a cuánto llegó mi deuda? Simple y llanamente a ¡cuarenta y seis mil dólares! Quizá más, pero ni un centavo de menos. Poco a poco había quedado enredada en la maraña, y mucho peor aún: todavía era reacia a tomar decisiones drásticas.

Capítulo 4

CON EL AGUA AL CUELLO

EL "BRAZO" del huracán Cindy se acercaba peligrosamente a las costas puertorriqueñas en la costa de la localidad de Fajardo, y ahí estaba yo —para no perder la costumbre— junto a Simon Ehrlich, el camarógrafo de la historia. Súbitamente, mientras estaba haciendo mi *stand–up,* la presentación en cámara, una de las rachas huracanadas empujó al pobre de Simon, quien con toda su humanidad (y el equipo) cayó al agua. En segundos, otra racha me derribó a mí, dejándome empapada de pies a cabeza y tragando agua de mar. Sorprendentemente, en minutos, todo volvió a quedar en calma. Era septiembre de 1995.

Mientras nos reponíamos del susto, sentados en la arena de la playa de Fajardo, le dije a Simon que ojalá aquel "revolcón" que me había dado la naturaleza hubiera sido una "limpia" para quitarme lo malo y volver a empezar, hasta en el amor.

Simon, dueño también de un humor negro, rió a carcajadas para inmediatamente después recitarme el sermón: «Lo primero que tienes que hacer, Collins, es limpiarte, sí, pero de tus deudas. Ha pasado un buen tiempo y no has hecho lo que prometiste. ¿Te acuerdas? Vendiste el carro . . . ¿y qué pasó con el dinero que te sobraba para ir rebajando tus cuentas? Va a ser un año también desde que hicimos el reportaje sobre el manejo de deudas, y aunque prometiste entrar en el programa, tampoco hiciste nada. Si me atrevo a decirte esto es porque en verdad soy tu amigo, y no quiero verte como hace un momento . . . con el agua al cuello. No te arriesgues más a que llegue el día en que no puedas pagar, tienes que tomar una decisión».

La gravedad de la cara de Simon me hizo recapacitar. Le prometí que tan pronto como llegáramos a Miami tomaría cartas en el asunto, pero eso quedó pospuesto porque nuevos e inmediatos viajes me impidieron hacerlo. En cuestión de horas salí de viaje a otras asignaciones, luego me atacó una neumonía y para poner la cereza en el *cake*, durante semanas tuve que ir a Houston a cubrir el juicio de la asesina de la cantante Selena Quintanilla. Ah, pero en medio de todo esto, sucedió algo bueno: inesperadamente conocí a quien sería mi marido: Fabio Fajardo.

Apareció en mi vida en el momento justo y desde el principio estuvo encaminado a la difícil tarea de "meterme en cintura", financieramente hablando. Lo que pasa es que el pobre no imaginó la gravedad de un problema que le era totalmente ajeno, y vea usted si Diosito no es más que bueno conmigo, que, como diría el corrido mexicano de Juan Charrasqueado, por cosas de la vida no tuve que pasar el trago amargo de contarle "la triste historia del ranchero enamorado", con mis veintidós tarjetas de crédito, porque casi inmediatamente después de habernos conocido la suerte jugó de mi lado. ¡Ufff, ya era hora!

Mientras estaba en Houston y con la relación desarrollándose a larga distancia, me sucedió algo doloroso por partida doble: me robaron la cartera. Doloroso porque habían sido supuestos admiradores que se acercaron a pedirme un autógrafo y, en medio de la gente que hacía lo mismo, se llevaron mi monedero. Triste, porque eran hispanos. Poco después me di cuenta del robo y mi primera preocupación fueron las decenas de tarjetas de crédito. De inmediato llamé a Fabio a Miami para que me ayudara a reportarlas como robadas, y para hacerlo tendría que entrar en mis archivos. Hombre de pocas palabras, Fabio encuentra las suficientes para narrar en su dimensión aquel momento crucial: «Te pregunté dónde estaban los estados de cuenta y me explicaste, y cuando empecé a buscar, no podía creerlo. Comencé con una, dos, y cuando pasé de las cuatro que había reportado como robadas, me entró la preocupación por lo que creí que era un número más que elevado. Cuando llegué a las diez, estaba en *shock*. Y cuando terminé con la número veintidós, simplemente sentí morirme, porque me di cuenta de que estabas en peligro de no salir nunca de ese hueco».

Yo, a la distancia, no entendía el cambio de su voz, hasta que le pedí me dijera lo que le había sucedido. ¿Acaso le habían robado a él la cartera? ¿O la familia en Cuba se había enfermado? «No, nada de eso. Lo que sucede es que es imposible de asimilar en mi mente que una persona pueda tener una deuda semejante y esa cantidad de tarjetas al tope del crédito, sin que haya habido una emergencia o algo impostergable. No puedo creerlo, y mucho menos que no te des cuenta de la situación real. ¿Sabes en realidad cuánto dinero estás pagando mensualmente con el "famoso pago mínimo"?»

Tuve que decirle la verdad: que no tenía ni la menor idea.

«Para que tengas una idea: ¡¡¡MIL SETECIENTOS DOLARES!!! Cada treinta días, sin que un solo centavo de esa cantidad vaya al principal para que disminuya tu deuda. Creo que estás en el punto del no retorno si no te detienes en este momento».

No pude responderle nada. Casi al parejo, la cobertura del juicio terminó con la condena de la asesina de Selena. Regresé a Miami, sintiendo el peso del mundo a mis pies. Fabio me esperaba en el aeropuerto con cara de preocupación, y yo, sabiendo que seguramente se trataba de algo verdaderamente grave, decidí tomar el "toro por los cuernos". Mientras cenábamos, no negó que su malestar se debía a lo que había descubierto con mi gran deuda. El tono de su voz pronosticaba que aquella podría ser la última conversación que tendríamos como pareja . . . «¿En verdad piensas que podemos tener una relación para toda la vida? Si es así, lo primero que tienes que hacer es deshacerte de esas tarjetas y entrar a ese programa de manejo de deudas del que me hablaste . . . , de otra forma, no creo que podamos hacer nada. Decidí hacerte una tabla de cálculo para que te dieras cuenta de la tragedia que han hecho las deudas en tu vida. Has trabajado todo el tiempo, te matas en jornadas que conocen el principio y no el fin. Nunca dices que no a ninguna historia a donde sea . . . y qué has hecho con el dinero que ganas con tanto esfuerzo? Simplemente tirarlo a la basura».

Esa noche en mi casa supe que era el momento que había pedido a Dios en medio del "revolcón" de agua de mar que me había dado el huracán Cindy en Puerto Rico. Tenía frente a mí la oportunidad de cambiar a costa de un gran sacrificio o . . . no tener nada y convertirme en una fracasada y, peor aún, víctima de mi falta de fuerza de voluntad.

A la mañana siguiente, mi primera llamada del día no fue para preguntar en el trabajo a dónde iba a viajar, sino a Consumer Credit Counseling Services. Por primera vez había decidido tomar el tiempo necesario para organizar mi vida, utilizando los días compensatorios que tenía acumulados, sin imaginar que fueran tantos. Por primera vez en mucho tiempo no pospuse nada y decidí que lo más importante era recuperar el control sobre mi vida. Me imaginé en uno de esos concursos virtuales tan de moda en la televisión donde no había espacio para "el mañana lo hago". No podía perder a Fabio ni, por consiguiente, la más grande (y quizá la única) oportunidad que la vida me estaba ofreciendo para ser feliz y para quedar libre de deudas. Al precio que fuera, me agarré de la tabla de salvación como náufrago en medio del océano.

Capítulo 5

QUEMANDO LAS NAVES COMO HERNÁN CORTÉS

NO EN BALDE EL CONQUISTADOR destruyó las naves en las costas de Veracruz. Ahora sé lo que sintieron el mismo Hernán Cortés y sus hombres el día en que el primero ordenó prender fuego a sus embarcaciones para que a nadie le entrara el "gusanito" de . . . "Jolines, cómo extraño la madre patria", evitando el riesgo consiguiente de que en una noche jarocha, levantaran velas y partieran raudos y veloces a España y dejaran en "veremos" la conquista de México . . . nanay.

Cortés era más canijo que bonito y se les adelantó quemando los galeones con los que el 3 de mayo de 1513 había anclado en la que bautizó como la Villa Rica de la Vera Cruz, la tierra donde exactamente, y sin que Hernán Cortés pudiera imaginarlo, 439 años después nací yo. Así que no es coincidencia que sea veracruzana y que, al igual que esta anécdota, mis veintidós tarjetas de crédito y las naves de Cortés un día tuvieran el mismo fin: fueron hechas añicos.

Habré sido una loca comprando compulsivamente a plazos, pero no tonta, por eso sabía a lo que me iba a enfrentar aquel día. Llegué a las oficinas de Consumer Credit Counseling Services al norte de Miami con la boca amarga y aterrorizada y, como niña frente a la directora de la escuela luego de haber cometido faltas graves, me encontré cargando mi vida dentro de una maleta para que la revisara quien sería, en los próximos años, mi consejera financiera: Joanna Alcalá. Al momento de darme la cita, al igual que con los otros en vías de redimirse, me habían especificado lo que debía llevar sin excusa: todos los estados de cuenta. ¿Todos? «Sí, los veintidós —me había dicho Alcalá—. Los veintidós completos, más la lista de gastos de la casa, más los recibos de pago, más la lista de todas las deudas. Sin eso no se podría comenzar de inmediato».

Acostumbrada a personajes como yo (y otros en peores condiciones), parecía disfrutar su trabajo. Tan rápido como yo compraba y firmaba, así ella encontró el principio de la madeja, y lejos de atormentarme con fatalismos, me habló claramente: «Aún no has hecho algo que no tenga remedio. Todo es posible de rectificar siempre y cuando tú decidas comenzar el programa de manejo de tus deudas. ¿Cuándo quieres hacerlo?» «¡En este mismo instante!», le respondí. «Entonces, hablando con los acreedores que aceptan entrar en este tipo de programa, el pago que nos tendrás que dar una vez al mes, y con el que nosotros a la vez pagamos tus deudas será de $1,300. Pero tendrás una gran ventaja que no tienes ahora: el principal de tu deuda ahora sí irá rebajando mes con mes por la renegociación que haremos de los intereses. Tienes tarjetas con más del veinte por ciento, que quedarán en nueve por ciento. Más claro: actualmente estás pagando $1,700 mensuales por concepto del pago mínimo que no amortiza lo que debes y que por el contrario, cada día hace más grande la cuenta. Ésa es la situación».

Por supuesto que mi respuesta fue un sí rotundo, para después escuchar la serie de restricciones con las que tendría que aprender a vivir si quería sanarme del mal de comprar compulsivamente a crédito. Y ahí vino lo bueno. «A partir de hoy tienes prohibido utilizar tarjetas de crédito. De inmediato, cuando llegues a tu casa, deberás cortarlas con una tijera y traerlas a tu próxima cita. No puedes aceptar ni solicitar ninguna que te ofrezcan. El programa de pagos por la cantidad que estás destinando te tomará menos tiempo que a otra persona, pero de cualquier forma serán unos tres años». ¿TRES AÑOS SIN TARJETAS DE CREDITO? «Sí». ¿Y QUE HARÉ SIN ELLAS? «Simplemente aprender a vivir y a tener una relación saludable con tu crédito. Tres años en la vida de una persona no son nada, especialmente si piensas que el promedio de repago de una deuda como la tuya, cercana a los cincuenta mil dólares, toma un promedio de diez años».

Y la lista de recomendaciones seguía firme: «No hay opción al pago tardío y además comenzarás a vivir dentro de un presupuesto, algo que hasta ahora no ha existido en tu vida. Además, deberás participar en el fondo de retiro de tu empresa, que es muy bueno, y comenzarás a volver a ahorrar. Tienes que pensar en que estás iniciando una nueva vida».

Era iniciar una nueva vida y punto. Aprender a vivir sin la dependencia del dinero de "mentiritas", el de plástico, fue la más difícil de las tareas. Con el dolor de mi alma, entre llanto y desesperación, corté una a una aquellas amadas varitas mágicas. Aunque no lo confesaba, a mi lado, Fabio, feliz, respiraba aliviado. Primero prometió hacer un cuadro con todas aquellas tarjetas partidas por la mitad. Después decidió que me las iba a poner en el refrigerador pegadas con cinta, para que me recordaran lo que no debería volver a hacer. Y yo, observándolas inservibles, sólo acertaba a verlas sin poder hacer nada más que avergonzarme por el deplorable estado en el que me habían dejado por mi falta de control.

Aquellos primeros momentos fueron de desesperación. Los miedos del "factor Coatzacoalcos" me asaltaban. ¿Y qué voy a hacer ahora? ¿A qué mundo me voy a enfrentar sin el poder de mi firma? Tuve tanto miedo como el día en que por primera vez me di cuenta del lío en que me había metido con una deuda de casi cincuenta mil dólares y que, sobre todo, mi estupidez podría dejarme junto con mis hijas viviendo bajo un puente como una indigente.

Hasta hoy recuerdo (y espero que nunca se me olvide) la primera mañana en que abrí los ojos, consciente de ser una desposeída del consumismo. Duro, terrible, de pesadilla. Pero realista. Cristina Londoño, en ese entonces productora del *Noticiero Univision Fin de Semana,* me recuerda aquellos momentos: «María Collins, tus ojos eran los ojos mas hinchados por el llanto que yo jamás haya visto en una persona que no ha sufrido un accidente o no se le haya muerto un padre, un marido, una hija. Estabas destruida. Mejor dicho, tú sentías que estabas destruyendo tu vida. A mí que me tocó durante varios años verte en infinidad de situaciones, incluido el divorcio, o cuando entregaste tu Mercedes negro en la agencia, o cuando en tu peor época de obesa estabas inconforme contigo misma, nunca jamás, nunca, te vi como en aquellos momentos».

LA BILLETERA MÁS SALVAJE

Cristina Londoño sigue recordando: «Ésa era la tuya: la billetera más gorda del planeta . . . ¡Tan impresionante que es imposible olvidarla, a pesar de que han pasado tantos años! Le cabía la mayor cantidad de tarjetas que nadie hubiera imaginado tener. Lo más triste era que al deshacerte de ellas nada parecía darte alivio, porque durante mucho tiempo sentiste que eran ellas las que te daban estatus. Pocos saben, como yo, que eres una maga que se transforma con la forma de arreglarte, pero la lucha entonces fue para borrar con capas de polvo y maquillaje los ojos enrojecidos, como si alguien te hubiera partido la cara. El maquillaje no podía cubrir los estragos del llanto en tu cara. Eso es algo que siempre tendré presente, como el luto que estabas viviendo por la muerte de tus tarjetas de crédito».

Los recuerdos de Londoño son de las primeras semanas,

cuando, efectivamente, como si se hubiera tratado de una muerte en la familia, cada día fue duro, difícil, y angustioso, y más aún, cuando se presentaba el impulso de comprar algo y meter inconscientemente la mano en el monedero para firmar. Ya no había nada con que comprar en aquel preciso instante.

La peor fue la primera semana. Igual a lo que en múltiples ocasiones he vivido, la desintoxicación del azúcar en una dieta —cuando la desesperación por comerla, unida a la dependencia que produce, hace caer— así mismo identifiqué la sensación de vacío terrible y la necesidad por salir a comprar cualquier cosa. Como en la dieta, supe que lo único que tendría que hacer, sería soportar los ataques, sin romper el propósito. La consejera me había dejado en claro que, contrario a lo que había hecho todos aquellos años, ahora tendría que aprender a vivir como lo hacía la gente hace unos cincuenta años, cuando no existían las tarjetas de crédito: ahorrando primero y adquiriendo después el objeto que deseaba.

De reportera de investigación pasé a ser "cliente" del programa de manejo de deudas, y mes con mes inicié el camino hacia las oficinas de Consumer Credit Counseling Services para, personalmente, entregar el cheque bancario certificado con el que se hacen los pagos, y hablar de mis progresos con mi consejera Joanna Alcalá. A partir de entonces, en el día establecido, no existió nada, absolutamente nada, que me evitara el peregrinaje, camino de mi recuperación. La primera vez fue impactante por lo que sucedió. Aunque hoy en día en el programa de manejo de deudas no sólo están los deudores de bajos ingresos sino también muchísimos de los llamados clientes de "cuello blanco", es decir, abogados, médicos, ingenieros y, por supuesto, periodistas también, en ese entonces las cosas eran a otro nivel. Lo menos que necesitaba aquella primera vez era la "suerte" que me tocó: estar codo a codo con una mujer de aspecto horrible, sucia, desaliñada, con tatuajes y argollas por todas partes, y quien esperaba en la cola delante de mí mientras contaba a todos su grotesca historia de drama, moviendo la lengua en la que tenía tres aretes insertados, al tiempo que masticaba una gigantesca bola de chicle: «Yo me gastaba todo, caí hasta lo último por las tarjetas de crédito. Después, acostumbrada a gastar, llegué a usar hasta las estampillas de comida para comprar droga, hasta que me metieron a una clínica para limpiarme y poder recuperar a mis cuatro hijos, que los tiene el gobierno. El juez me obligó a venir a este programa para pagar mis deudas y no hay nada más que hacer si quiero recuperar a mis niños, que están en un hogar sustituto».

En menos de cinco minutos nos informó de los pormenores de su vida anterior. Había sido ayudante de un abogado, el dinero le comenzó a llegar a temprana edad y con él las tarjetas de crédito y los "amigos". «Primero gastaba todo en salir a comer, tomar tragos o comprar ropa. Después gastaba en comprar droga y, en el intermedio, fui teniendo a mis hijos con tres hombres con los que tuve relaciones. Me dejaron y lo demás fue historia, hasta que no pude pagar ni las deudas ni el consumo de la droga, y perdí el carro, la casa y hasta los muebles. Fui a parar a la cárcel y después, mírame aquí, parada en esta cola ¡con toda esta basura!»

¿Basura? ¿Me incluyó en su lista de "basura" a mí también? ¡Ay, Dios mío! Lo único que me faltaba. Aquel personaje salido de una película de Fellini, "dándome la bienvenida" me había hecho el honor de incluirme en su submundo. Se me caía la cara de vergüenza. Sólo recuerdo haber pagado rápidamente y regresado a casa llorando y llena de dudas. ¿Hice lo correcto? De inmediato me respondí. ¡Por supuesto que sí! Eran mis demonios atacándome por la retaguardia, recordando las escenas aterradoras de mi adolescencia: la gente cobrando deudas a mis pobres padres y ellos sin dinero para pagar. Mi papá luchando para mantener cinco hijos y una esposa, y mi madre inventando excusas para ganar tiempo, esperando a que les llegara un poco de dinero. Esos eran mis verdaderos demonios, lo que me bastó para defenderme y enfrentarlos.

La única manera de no caer en el terror de no tener un quinto partido por la mitad para pagar, la única forma de salir adelante, había sido la misma drástica decisión tomada por Hernán Cortés el conquistador de México: quemar las naves para nunca más volver. Eso mismo hice al haber cortado las veintidós tarjetas. Pero también hice otra cosa: decidí parar el rosario de llanto y lamentos. Para eso me bastó recordar la visión grotesca de la derrota, retratada en aquella mujer de la fila de pago. Ahí se acabó el drama y la conmiseración. Decidí guardar aquellos pedazos de plástico en un cajón, guardar ahí mismo a la Collins salida de Coatzacoalcos, para comenzar a vivir una nueva vida, tal y como la estaba volviendo a dibujar . . .

Capítulo 6

SÍ, SOY ADICTA A COMPRAR A CRÉDITO

Los primeros dos meses, al ir a entregar mi pago, para evitar que alguien me reconociera y luego del episodio con la loca llena de tatuajes, decidí ponerme una peluca y lentes. El segundo pago mensual pudo haber sido igual que el primero: la larga fila para el pago (que en ese entonces se hacía en una oficina pequeñita y atestada de gente) era el momento soñado de un escritor de ciencia ficción. Con mi suerte, parecía encaminada a toparme con toda una serie de mujeres que iban desde la que acababa de salir de la cárcel por fraude a alguna metida en deudas por droga, hasta la que vociferaba contra el programa, arrepintiéndose de no haberse declarado en bancarrota. ¡Horror y más horror! Aquello parecía el confesionario de los descarados. En plena fila cualquiera comenzaba a hablar sin el menor recato. ¿Y yo? Escondida en el anonimato de aquella peluca y los lentes que me cubrían medio rostro.

Cuando llegó mi turno de pagar, una voz en la línea de espera me descubrió: «Miren lo que son las cosas, no estamos solas, aquí está la María Antonieta Collins, la que trabaja en la televisión. Así que ya tenemos categoría . . . ja . . . ja . . . ». Hasta ahí llegué.

Aquella mujer, creyendo que me iba a poner roja de la vergüenza, estaba burlándose a mis espaldas. Volteé a verla con ojos de pistola, y ella, sin importarle, siguió gritando: «Te descubrí por la voz, mi hijita, porque con esa peluca, ni quien se imagine... ¿Quién se hubiera imaginado que tú también andabas en problemas? Pero no te preocupes... te puedo guardar el secretito... ¿O quieres que hable?

Respiré profundo y lentamente guardé mi recibo en el monedero mientras me convertía poco a poco en pantera. Me le acerqué de frente, mientras ella no sabía qué hacer. «¿Qué hable usted de qué? ¡Fíjese bien lo que voy a decirle! A mí, ni usted ni nadie me guardan secretos. ¿Quién demonios se ha creído que somos todos los que estamos aquí? ¿Delincuentes como usted? ¡Se equivocó! Somos gente valiente que hemos decidido salir adelante. ¡El león cree que todos son de su condición, pero se equivocó!» Mi voz iba subiendo de tono sin que me importara que la gente alrededor escuchara lo que le estaba diciendo a la tipa aquella. El "factor Coatzacoalcos" se había encendido. «Tiene razón en decir que me escondo en esta peluca. Pero lo hago para que gente como usted no se metan en lo que no les importa. Aunque me ha hecho un favor. ¡Hasta hoy traté de mantener en secreto que estoy en un programa de manejo de deudas! No es nada para avergonzarme, por el contrario, tengo que estar muy orgullosa de haberlo hecho ¡para no terminar como usted!»

Me importó un comino lo que pensaran los que presenciaron la escena. En ese momento, aquella anormal había agredido a mi persona, arriesgándose a mi respuesta. En un momento, la tipa aquella, mucho más alta que yo, temió que me le fuera a golpes. Pero yo sí estaba en control de esa parte de la situación y eso es algo que no haría, pues sería un delito.

Salí de ahí temblando de rabia, pero al mismo tiempo mi alma descansó. «¡Basta ya de ocultar algo que no es un pecado!» me repetí. Decidí que no iba a usar más pelucas ni lentes para tratar de pasar inadvertida, y más aún: **¡DECIDÍ QUE A PARTIR DE**

ENTONCES NO ME IBA A ESCONDER NUNCA MÁS! De regreso a casa, repetí hasta el cansancio el motivo de mi batalla para convencerme a mí misma. ¿Estoy en este programa? Sí, y a mucha honra. ¡A mí nadie me enseñó a ser controlada, no es mi culpa no saberlo, pero sí es mi responsabilidad aprender!

Toda la historia de horror no hubiera servido de nada si no hubiera cumplido paso a paso lo más importante: reconocer el problema. Comenzar el proceso de recuperación significa terminar con el período de vergüenza y negación y decir sin pena, SÍ–SOY–ADICTA–A–COMPRAR–A–CRÉDITO . . . pero estoy en la lucha por no serlo más.

Como en el caso de las dietas, negar lo obvio, lejos de ayudar, agrava la situación. Joe Zunzunegui, director ejecutivo de Consumer Credit Counseling Services, sabe que en cuanto a las deudas por tarjetas de crédito, la mayoría de la población estadounidense se encuentra en el período de negación. «De otra forma, si no se estuviera abusando del uso de las tarjetas de crédito, el monto de las compras hechas de esa forma no hubiera alcanzado los niveles a los que llegó a principios de 2004: TRES BILLONES DE DOLARES».

RECONOCER LA ADICCIÓN

Es el punto donde comienza la recuperación. En realidad es un acto que va más allá de descubrir y aceptar el problema. *ES ACEPTAR QUE HAY UN PROBLEMA Y ES BUSCAR LA AYUDA NECESARIA.* Esto no lo digo yo, que a fin de cuentas, simplemente he sido una pecadora en el mundo del consumismo. Esto lo afirma la ciencia de la mente, como asegura el psiquiatra Jorge Petit, autor del libro *Las Siete Creencias: Cómo Ayudar a las Latinas a Reconocer y Superar la Depresión* y a quien a menudo he consultado acerca de las complejidades de mi adicción a la comida y a las compras a crédito.

«Es necesario entender que, como cualquier problema donde hay adicción, debe existir un punto de referencia en el cual uno cruza el límite de lo que sólo era un problema a una situación mayor donde hay que reconocer que se requiere un enfoque profesional. La adicción a comprar es igual a la del juego o a la droga. En este caso comienzas endeudándote pero pudiendo pagar. Las cosas siguen subiendo hasta escalar el punto de salirse de las manos porque compras, sabes que no vas a poder pagar porque has gastado lo que no tienes, además lo peor es que sabes las consecuencias, y a pesar de todo, la necesidad de seguir comprando es tan fuerte que no la puedes controlar».

COMPRAR ES UNA ADICCIÓN

En su práctica privada en Manhattan, el doctor Petit ha conocido decenas de casos que se han agravado con el consumismo sin control de estos tiempos. «Comprar es una adicción. Eso es lo primero que hay que dejar en claro con un paciente. Eso es lo primero que un paciente tiene que aceptar. La adicción como tal es un comportamiento de la persona en el cual hay una pérdida de control sobre la acción. Esa pérdida de control sobre comprar implica un proceso degenerativo: entrar en deudas por comprar».

Reconocer las deficiencias en el caso de la comida y las compras ha sido mi tabla de salvación. No hay nada más triste que encontrarse con la misma respuesta de quienes están en deudas por compulsivos o descontrolados: todos entienden que las tarjetas de crédito han producido una deuda enorme en los Estados Unidos, pero cuando se trata de su deuda personal, o bien dicen que no tienen el problema o, si lo aceptan, generalmente aseguran saber cómo lo van a controlar, cuando es lo más remoto de este mundo.

RECONOCER LOS SÍNTOMAS

Hará unos veinte años, viviendo en San Diego, entré en una de las mil dietas locas en las que he participado. En aquella ocasión, un médico que cobraba doscientos dólares a la semana por lo que él llamaba unos "cursos de concienciación de la adicción a la comida", me ayudó, sí, a rebajar el poco dinero que tenía en la billetera, pero a cambio recibí una guía que me ha hecho reconocer los signos de peligro cuando estoy a punto de entrar en el descontrol por la comida. Aquel hombre reunía gordos irredentos en grupos que llevaba en una especie de *tour* por los anaqueles de los supermercados, siempre bajo su vigilancia. Ante los ojos de los demás clientes, parecíamos miembros de alguna secta extraña buscando sabrá Dios qué, pero la verdad es que la razón de aquel extraño "paseo" entre latas y comida de todo tipo, era para identificar el alimento que nos proporcionaba alivio. A mí simplemente me entraba calma y tranquilidad con pasearme entre aquellas hileras de cosas ricas. En ese momento olvidaba las penas. Ésa era la clave. ¿Penas? Exactamente. La clave de mi obsesión por comprar comida era porque en ese sitio se me olvidaba todo tipo de estrés o preocupación, y aunque fuera por unos momentos me sentía feliz. El mismo efecto sentía al comer. ¿Alguna vez le ha sucedido lo mismo?

Aplicando la misma técnica, ahora puedo reconocer los signos cuando estoy al borde del precipicio y a punto de comenzar a comprar. La primera regla de oro: EVITE LAS AMIGAS CON DESCONTROL EN SU FORMA DE COMPRAR, PORQUE DOS CON EL MISMO PROBLEMA NO ENCUENTRAN CURA. Simplemente son sinónimo de tragedia. Esto es vivir como lo hacen alcohólicos o adictos a la droga en recuperación: evitando día a día la cercanía con cualquier cosa o persona que desencadene la tormenta. Así que identifique a quien le dice: «Ay, qué importa, total para eso trabajamos, compramos cualquier cosita y nos vamos». Con gente así, nunca jamás va a encontrar la salida. Las verdaderas amigas, las que apoyan, son las que dan consejos sensatos.

Cuando en octubre de 2003 me encontraba realizando la cobertura en Roma de la beatificación de la madre Teresa de Calcuta y el jubileo de plata del papado de Juan Pablo II, los ojos se me iban con la cantidad de bolsas maravillosas de una famosa firma italiana que en los Estados Unidos es carísima y que por consiguiente en aquel país era barata. De inmediato llamé a varias amigas, entre ellas Elizabeth Valdés, gerente de asignaciones del noticiero. Ella, que generalmente se emociona con ese tipo de compras, es a la vez una persona mesurada, que no comete locuras y que dicta una pauta en los desembolsos sin control.

«Collins, Collins, primero que todo hay que comparar los precios. Sí, cuestan menos que aquí, pero tenemos que tener en cuenta el tipo de cambio con el Euro. Ahí está la diferencia». Tenía toda la razón. «En lugar de llegar, comprar y arrasar con los cargos a la tarjeta de crédito, vamos a comprar una sola, pero que valga la pena cargarla desde allá». Y así lo hice. Es el ejemplo de sensatez que requerimos de alguien que nos apoye porque conoce "la pata de donde cojeamos".

La segunda regla de oro para reconocer la adicción a comprar compulsivamente y pagar con tarjeta de crédito es HACER UN PROFUNDO EXAMEN DE CONCIENCIA. Evitar con esto la mentira. Las excusas más frecuentes que escucha un consejero son aquellas en las que el deudor afirma no entrar en ningún programa de consolidación de deudas porque eso es una bancarrota. Una mujer con deudas que la ahorcaban, reportada en todas las agencias de crédito, con cuentas por pagar a hospitales, por lo que ya no podía comprar casa, alquilar otro apartamento o tener crédito para un automóvil, daba excusas como las del temor a la bancarrota. «No, yo no quiero meterme en ningún programa porque ya me dijeron que eso es como una mini-bancarrota». Le hablé fuerte. ¿Qué caso tenía seguirse encerrando en más mentiras y seguir perjudicando con esos sermones a otros que estaban indecisos? De cualquier forma ella ya no tenía crédito, y por las deudas a médicos que no pagó la habían reportado, de forma que mientras no liquidara los saldos no podría comprar ni carro ni casa. ¿Acaso eso no es lo mismo que una bancarrota?

La asesora Joanna Alcalá, dice que esa es sólo una de mil excusas: «Lo más sorprendente es que deciden no enmendar el rumbo, porque dicen que ya que cortamos de inmediato las tarjetas, al igual que en una bancarrota, pierden el crédito temporalmente. Lo que sucede es precisamente todo lo contrario. En su reporte crediticio aparecerá que están en un programa y que están pagando sus deudas en tanto tiempo, que siempre será mucho mejor que no pagar nada y tener el castigo de la bancarrota por lo menos por diez años».

¿Que no van a tener tarjetas? Es cierto, pero de cualquier forma, ¿cuánto tiempo más las tendrían para comprar si no pagan? La diferencia entre salir del atolladero y no hacerlo siempre estará basada en la honradez de reconocer la adicción, como yo lo hice, y como lo que recuerda Joanna sobre nuestro primer encuentro financiero: «Me gustó tu *approach*, era muy directo y pensé que tu podrías ser un caso exitoso. Hay tantas personas metidas en problemas por compulsión y descontrol que sólo vienen y hacen preguntas y que no se deciden. Generalmente lo hacen para satisfacer la necesidad interna de mentirse, diciendo, "Fui, pero no me convenía". Cuando tú llegaste con nosotros, tu decisión era entrar y ya. Tu veías que podrías resolver el problema y llegar al final, que, dicho sea, fue fuerte porque decidiste pagar bastante para poder terminar en unos tres años. Así, mes con mes, cuando nos veíamos, fui testigo de tu progreso, y finalmente terminaste. Yo creo que ésa es la forma en que la gente debe arreglar sus asuntos financieros: siempre con la decisión de lo que realmente quieren hacer. Te ibas a casar y no querías seguir en ese problema. Lo único que no entendí muy bien entonces era el porqué de guardar las tarjetas cortadas. Muchos quieren hacerlo para mantenerlas por asunto emocional, lógicamente hay que pensar que el acreedor cierra la cuenta y la tarjeta no sirve de nada, pero en tú caso era distinto. Después entendí que para ti eran pedazos que iban a ser evidencia de tu reconstrucción».

Y así lo fueron. En un principio los veía como un rompecabezas, después supe que toda la vida servirían para recordarme la grave situación en la que me había metido a causa de ellas.

A partir de este capítulo, y porque no pienso pretenciosamente que esto es un libro, sino un cuaderno de trabajo para tener a mano y utilizar a menudo, al final resumiré los puntos que no hay que olvidar en esta lucha por resolver uno de los más complicados crucigramas de la vida diaria.

PARA RECORDAR:

- Reconocer la adicción.
- Aceptar que hay un problema de descontrol de compras.
- Buscar ayuda.
- Repetirse constantemente hasta entender que comprar sin control es una adicción fatal.
- Reconocer los síntomas que provocan el descontrol para comenzar a comprar y evitarlos.
- Evitar las amistades que fomenten estas situaciones a sabiendas de que estamos en problemas por nuestra adicción.
- Procurar más a quienes nos dan consejos sensatos y que en el momento de la tentación hacen todo porque evitemos caer.
- Hacer un examen de conciencia y no mentir ni dar excusas para comenzar a remediar el rumbo.
- Repetir que la vida no empieza ni termina con una tarjeta de crédito, que se convierte en un arma de destrucción en nuestra vida.

Capítulo 7

COMO NI MATAS NI
HIERES . . .

HE VIVIDO ESTA ESCENA muchas veces con rabia, otras con impotencia. Pero no soy la única, el marido furioso porque compramos cosas innecesarias, sólo por comprar: «No sabes controlarte, si te venden cualquier cosa envuelta en celofán, seguro que la compras porque eres el sueño de un vendedor».

Mi marido no es la excepción. Es más, tiene listo un *sketch* cómico que hace la delicia de invitados y familiares. Generalmente cuenta la anécdota del día en que una conocida, en medio de una conversación sobre los compradores compulsivos, dijo: «En verdad que venden toda clase de porquerías por televisión. La otra noche estaba viendo que tienen un aparato que parece un platillo volador, y de inmediato me dije: ¿Quién será la idiota que compre eso? Imagínate que en pleno siglo veintiuno este aparato deshidrata todo tipo de frutas y hierbas. Como si no fuera más barato comprarlas en el supermercado y al momento».

La dejé terminar para luego abrirle la puerta de mi clóset: «Yo soy una de esas idiotas». La cara se le caía de vergüenza mientras le mostraba mi última adquisición: el famoso deshidratador que, efectivamente, lucía como nave interplanetaria y con el que supuestamente yo contribuiría a la economía familiar disecando frutas, hierbas y hasta flores (para hacer adornos). ¡Hágame el favor! Por supuesto que lo único que deshidraté fue mi billetera, porque la primera vez que la prendí y decidí disecar perejil italiano parecía que estaba quemando cualquier hierba ilegal, lo que me hizo desconectar rápidamente el aparato antes que la casa apestara a rayos. Decepcionada, empaqué aquel artefacto y me volví a enfilar a ver que más compraba.

Durante un tiempo, las tensiones por razones como ésa, fueron escalando entre Fabio y yo, tal y como sucede en todas las parejas donde el hombre, por su naturaleza, no entiende lo que sucede en la mente compulsiva de su mujer. Nuevamente, un día, en medio de una acalorada discusión por mi forma de comprar y gastar, y mientras, enfurecida, me sentía sin una mano que me ayudara, yo solita di en el clavo del problema: ¿Por qué nadie nos hace caso? ¿Por qué no hay suficiente información para salir del problema? ¿Por qué, por el contrario, somos objeto de burla? Por una simple y sencilla razón: ni matamos ni herimos a nadie. No incomodamos. Únicamente somos el *punching bag* de quienes quieren golpearnos por un mal hábito que en realidad es más que eso.

¿Entonces? Comprendí que para quienes están a nuestro alrededor, que son felices porque en el resto del mundo cotidiano funcionamos perfectamente, es decir, en el trabajo, en la casa, con los amigos, con el pago de deudas y el cumplimiento de todas las obligaciones, seguramente también tenemos todas las demás cualidades y ningún defecto. Es decir, Diosito nos premió con algo más: somos una maravilla que lleva el control de cada centavo que ganamos y gastamos y además somos inmunes a las tentaciones. QUÉ PENA, PERO NO ES CIERTO. O yo llegué tarde a la repartición de semejante ventaja y no me tocó nada porque ya se había acabado.

Tuve que aprender, a partir de ese día, que soy parte de ese gran número de pecadores que funcionamos en casi todos los aspectos de la vida diaria perfectamente, pero que en el renglón del dinero, desgraciadamente, no. Ojo, y lo sigo hablando en presente porque estoy convencida de que ése, el renglón financiero y la forma en que se gasta, es uno más de los jinetes del Apocalipsis que difícilmente logramos vencer. Siempre pensé que la respuesta tendría que estar en alguna parte del cerebro, quizá en la zona límbica, que es la que regula las emociones como el hambre, la ansiedad, la depresión, pero en realidad lo que nos sucede al mismo tiempo es algo más, como explica el psiquiatra Jorge Petit:

«En realidad, la culpa es también de una complicidad cultural que permite y alienta a que compres lo que quieres y lo que no quieres y además que eso se vea bien, sin importar las consecuencias. Para entender mejor lo que sucede, vemos que el fenómeno es comprensible si lo comparamos con la droga, el alcohol o el cigarrillo. No hay una campana de prevención por el uso y el abuso del crédito como lo hay con la droga, por ejemplo, o como lo hay con el cigarrillo, que tiene la leyenda de prevención hasta en las cajetillas. Con las compras sucede todo lo contrario, es una situación que se alienta por todos los medios disponibles, tal y como sucede con el alcohol. El alcohol lo aceptamos y lo festejamos y lo vemos bien. Así pasa con el comprador compulsivo, ¿cómo van a terminar con ese mal hábito si eso es lo mejor para el consumismo? Al comprador van canalizados todos los anuncios para que utilice la tarjeta tal o cual, la línea de crédito, etcétera. Eso está bien. Es bien visto por todos: es una ecuación fácil, compras, por lo tanto consumes y eres parte del sueño americano. En realidad ésa es la excusa que nos dan por si en algún momento tenemos un pequeño índice de remordimiento monetario por el dispendio».

Muchas veces me he hecho la misma pregunta y sé que nadie ayuda de primera intención a solucionar el problema, porque la verdad es que no somos sujetos incómodos. Con nuestro mal hábito no matamos ni herimos, entonces el problema de comprar es objeto de chistes, no de preocupación. ¿Qué pasaría si en lugar de comprar me emborrachara o tomara alguna droga prohibida y después me subiera a una mesa a bailar en medio de una reunión familiar, o si de tanto tomar, vomitara frente a los amigos en un restaurante, o mi conducta fuera escandalosa gritando obscenidades por un asunto de alcohol o droga? ¿Qué pasaría si lo hiciera delante de amigos o de sus jefes en el trabajo? Yuyita, mi cuñada, quien ha sufrido subsecuentemente todas estas disertaciones, me dio la razón. «Entonces todos saldríamos corriendo a buscar ayuda. Seguramente encontraríamos, como familia, la ayuda que necesitaras. Quizá una clínica de desintoxicación o ayuda psiquiátrica, qué se yo, pero tienes razón. Entonces te veríamos en forma diferente».

Según el doctor Petit, la psicología y la psiquiatría tienen varias explicaciones. «Son pocos los que analizan la situación y no son muchos los que parecen darse cuenta, porque no hay un entendimiento del problema mismo o de las consecuencias. Cuanto menos se sabe de comprar sin control, de endeudarse porque se tiene una o varias tarjetas de crédito, más se permite y se fomenta. La familia difícilmente ayuda, porque para ellos no existe como una enfermedad ni produce consecuencias». Sentada frente al psiquiatra Petit, mi alma comenzó a sanar. «Por supuesto que tienes razón al poner los ejemplos de lo que causa una adicción. Comprar no es como fumar, principalmente cuando todo alrededor dice "no fumes" y nadie dice "no compres". La familia no sabe qué hacer en el caso de los compradores compulsivos o el descontrol con el crédito, porque no entiende que esto también es una situación que puede salirse del control de una persona».

POR QUÉ LA DISYUNTIVA ES:
¿COMEMOS O COMPRAMOS?

Durante largas sesiones con el psiquiatra Petit, también descubrí que hay otro tipo de respuesta. A nivel nacional, aquí en Estados Unidos tenemos un cierto grado de insatisfacción en la vida. El análisis de Petit, va más allá de la cuestión monetaria o física.

«Somos el país más rico pero también el más desgraciado. ¿Qué hacer? Es nuestra disyuntiva para distraernos en el poco tiempo que tenemos libre fuera del trabajo, y la pregunta más común para pasarla bien es: ¿comemos o consumimos? Como pueblo no somos un pueblo satisfecho, y como ejemplo basta ver lo que hace la gente en Europa, donde sí se tiene balance. Aquí, aún con todas las comodidades que tenemos al alcance de la mano, no hemos encontrado el equilibrio que hay en el estilo de vida europeo, donde amigos y familia son lo más importante. Aquí todo tiende a tener la misma prioridad: trabajar para tener tal o cual cosa y de ahí viene la principal consecuencia de este tipo de conducta aprendida: no sabemos cómo divertirnos si no gastamos. Estamos más pendientes del ¿qué voy a comprar? que preocupados por relajarnos y distraernos».

Volviendo a mi cuñada, después de toda la explicación sobre la falta de ayuda, preocupada, alcanzó a abrir la boca: «Hasta ahora entiendo mejor lo que me dices. Nosotros en Cuba no teníamos ni remotamente ese problema porque no había nada que comprar, ni con qué comprarlo. Según los comunistas, no éramos víctimas del consumismo. En general, los cubanos que venimos a trabajar no tenemos el problema del consumismo. Cuando era joven ansiaba tener cosas, pero sabía que eran inalcanzables. Primero, cuando era jovencita ni sabía que existían tantas cosas bellas para comprar. Y después, cuando supe que existían, eran imposibles de obtener. Ahora entiendo que tú suples una parte de tus carencias, comprando.

«Cuando estabas haciendo las dietas, cuando tenías problemas con las niñas, cuando te sentías estresada, entrar en una tienda te servía para relajarte. Es un desfogue de los problemas y las cosas, de los deberes, de las responsabilidades, de las insatisfacciones. Pero es difícil de comprender para alguien que no ve comprar como un placer, es incomprensible, tanto como para alguien que nunca se ha conectado con las drogas es incomprensible que alguien lo haga. Pero en tu caso ha sido diferente. Por eso mismo hoy te pregunto: ¿qué puedo hacer para que no gastes? Dímelo que yo te voy a ayudar».

Entonces le pedí que hiciera lo que hasta el día de hoy sigue haciendo cada vez que puede y anda conmigo: NO DEJARME ENTRAR A UNA TIENDA INNECESARIAMENTE. Así de claro. Y así lo hace. Ella sabe cuáles son mis tiendas favoritas, en cuáles entro y gasto más de lo que imagino. Así que cuando ve el peligro (porque mañosamente le pido con alguna excusa acercarnos), me dice simplemente que no. Y me lo dice claro: ¡No!, y me recuerda que es porque ahí entro y gasto en lo que no necesito.

¿En que terminó esta historia? Armada con los elementos reales de mi problema, hablé claramente con Fabio. Fue el momento de abrir mi corazón en un momento grave: «Yo sé que tú crees que soy fuerte en todos los aspectos de la vida. Pero quiero con toda mi alma que entiendas que eso no es cierto. No soy fuerte. Me duele que te burles de mis hábitos, me lastima que no entiendas mi gran esfuerzo por superar poco a poco el desastre financiero en que me metí por comprar sin control y me duele que no te des cuenta de que soy víctima de un sistema que, lejos de proteger a quienes vivimos en el mal hábito, por el contrario, hace muy poco por sacarnos adelante».

Fabio, que hasta ese momento yo juraba que no entendía lo que yo vivía, para mi gran sorpresa había comenzado a tomar conciencia del problema, de cómo me sentía y de lo que tendría que hacer para ayudarme. «Contrario a lo que piensas, sé que tienes razón —me dijo mientras mis ojos se abrían como los de una lechuza—. Sé que los compradores compulsivos están solos en su lucha. Contra el alcohol están las madres contra los conductores ebrios; contra las drogas, todos los programas habidos y por haber; pero para enfrentar el consumismo, por el contrario, no hay nada. Ahí todo está alentando a comprar y comprar. A un alcohólico o a un drogadicto en recuperación le evitan amigos y situaciones que les provoquen una recaída. A ustedes no».

Por primera vez en mucho tiempo sus palabras me dieron alivio. Por lo menos quedaba en claro que, a partir de entonces, todos a mí alrededor tendrían que poner su "granito de arena". Los chistes y la historia de mis dispendios en boca de los míos se fueron espaciando y hoy en día salen de vez en cuando como la nota jocosa de una reunión familiar, pero en su momento las palabras de Fabio fueron como estarse ahogando y encontrar la mano que me ayudó a sacar la cabeza del agua para poder seguir respirando en paz.

PARA RECORDAR:

- Hay que hacer que la familia entienda que lo nuestro es un problema tan grave como tomar alcohol o drogas prohibidas.
- Pedir a un familiar que sirva de control para evitar entrar innecesariamente a las tiendas a comprar.
- Darles una lista de los lugares prohibidos para entrar y comprar.

- Entender que la ayuda sólo está en uno. Para los demás, no estamos enfrentados a una situación anormal. SÓLO SOMOS INCONTROLABLES PARA COMPRAR
- Piense que a su alrededor, lejos de prevenir sobre los desastres que causan las campañas para hacernos gastar y gastar, hay un clima que alienta a hacerlo. Nadie le va a decir que comprar es malo y produce cáncer y su bolsillo y usted terminarán enterrados en deudas.
- O sea, usted y yo estamos solos y sólo contamos con nosotros mismos para salir. ¿Entendió bien?

Capítulo 8

GUSTO O ENFERMEDAD

CUANDO DECIDÍ escribir este libro, sabía que la verdad y nada más tenía que estar por delante. ¿Habría que confesarlo todo? Todo, Collins, todo. ¿Hasta eso que has guardado celosamente por allá en lo más perdido de la memoria? Hasta eso mismo. No tuve más que recordar y seguir viajando en mi pasado. Éste, no muy lejano. Llegué entonces a uno de mis miedos que siempre están presentes: el del momento en que una compra de más desencadena el mecanismo donde no puedo parar y que es cuando compro y compro, como en una orgía de firmar y firmar, aunque sepa de antemano que cuando llegue el estado de cuenta me voy a poner a temblar del susto. Tampoco he llegado a la irresponsabilidad de comprar y firmar sin tener con qué pagar.

Pero de cualquier forma, el sentimiento que genera angustia es el mismo que me atacaba en el tiempo en que obesa, con cuarenta y seis libras de más, me sentaba solita frente a una barra de pan caliente con trozos de mantequilla y, lentamente, saboreándolo hasta terminarla me la comía sin parar, porque después de aquella barra generalmente venía otra. Era difícil parar a pesar de todo. A pesar del inmenso remordimiento por lo que aquello haría con mi figura, a pesar de la vergüenza de saberme dominada por la comida, a pesar de la impotencia por no poder tener la relación sana que muchos tienen con la comida. Eso mismo he vivido con las compras a crédito, situación de descontrol que imagino es similar a la de un alcohólico o un drogadicto cuando encuentran alcohol y droga frente a sus ojos, sin que nadie les juzgue. Es exactamente lo mismo. Sólo que los compradores compulsivos somos perfectamente legales y aceptados aunque entremos en una tienda en medio del estrés y compremos y compremos sin poder parar. ¿Esta circunstancia le es familiar?

Analizando esto, comencé a tener conciencia de las similitudes que la compulsión por comprar tiene con las de comer. ¿Es gusto o enfermedad? Una situación parecía ser parte de la otra. Esa necesidad de comer y comer para saciar algo me era tan familiar como el comprar y comprar, para sentirme feliz. Aunque también, como en el caso de la gordura, aceptar el hecho significaba buscar ayuda. Nuevamente toqué la puerta de expertos como el psiquiatra Jorge Petit y la psicóloga Belisa Lozano–Vranich, ambos de acuerdo en el tema. ¿Somos victimas de un desorden o simplemente compramos por gusto? Según estos expertos, las respuestas son sí y no.

«Si partimos del hecho de que comprar es una adicción, entonces volvemos a hablar de que la adicción es un comportamiento en el cual hay una pérdida de control sobre la acción. Esa pérdida de control conlleva a un proceso degenerativo que es el entrar en deudas por comprar. Finalmente, hay un impacto negativo y uno termina consumiendo más tiempo de lo que pensaba en esa acción. Si éste es el caso, hay un trasfondo psicológico inconsciente que el comprador no conoce a ciencia cierta. El día en que logras descubrir de qué se trata, es cuando sabes a ciencia cierta lo que estás viviendo y qué te ha manejado inconscientemente, quizá desde tiempos tan remotos para un adulto como la infancia. Por eso la terapia sirve. A veces no se tiene paciencia para hacerlo, pero es la única forma de descubrir cosas que uno ni se imagina».

¡Lozano–Vranich y Petit finalmente le estaban dando una investidura real al "factor Coatzacoalcos" de las graves carencias económicas en mi infancia y adolescencia! Por lo menos estaba segura de que, realmente, he lidiado todo lo que he podido con mi problema, pero para otro gran número de compradores compulsivos hay que pedir ayuda, ya que el origen de su problema podría encontrarse más allá de un simple trastorno psicológico para entrar de lleno en el campo de la psiquiatría.

¿COMPULSIVOS? . . . O ¿BIPOLARES?

«Si las compras son episódicas, es decir, si hay un comportamiento que va empeorando y cambia para mejorar, cuando por ejemplo, un comprador compulsivo tiene que estar hospitalizado o está recibiendo tratamiento profesional por un siquiatra, entonces es clara la presencia de un problema. De entrada, comprar y endeudarse es un comportamiento compulsivo como lo podrían ser las deudas por juegos de azar, donde se llega hasta a perder casas, autos, cualquier pertenencia que permita seguir jugando. En este caso, ya están implicadas situaciones de manía que luego de estudio médico un profesional puede identificar como desorden bipolar.

«El bipolar tiene un cuadro de episodios de manía que se caracterizan por un estado de animo exaltado, expansivo, de euforia, energía sin necesidad de dormir, sin sentirse cansado al día siguiente. Experimenta pensamientos ultrarrápidos y habla muy rápido, al punto de llegar a perder la coherencia, y los pensamientos se van por la tangente. Estos son signos a los que hay que poner minuciosa atención, además de que requiere tratamiento con medicamentos específicos.

«El otro enfoque —dicen ambos especialistas de la mente— es terapia individual, tratar de descubrir el tema inconsciente, el que te impulsa a comprar. Una vez que lo enfrentas puedes lidiar mejor con él. Todo el tema de comportamientos compulsivos y la impulsividad para tomar, usar drogas, jugar, comer o comprar indiscriminadamente, al final son una sola cosa: son sistemas nerviosos que tienen compulsiones, por lo tanto, algunos tratamientos para la depresión, ayudan al mismo tiempo para las adicciones y las compulsiones, ya que se sabe que son sistemas relacionados. Pero nuevamente, eso debe ser dictaminado por un profesional».

Mi examen de conciencia me dio el resultado de inmediato, esos síntomas no eran míos. Soy adicta compulsiva a comprar y comer. Pero nada más, y eso requería, para sanar, de terapia y asesoría adecuada, y lo hice a pies juntillas los casi tres años que estuve bajo el programa de manejo de deudas.

Con la experiencia de su práctica, ambos profesionales, Petit y Lozano–Vranich le dicen aquí que hay señales a las que tenemos que prestar atención para recibir una ayuda psicológica adecuada.

HAY PELIGRO SI . . .

- Gastas más de lo que tienes pensado y sin darte cuenta.
- Estas endeudado y sigues comprando.
- Miembros de la familia y conocidos te dicen que tienes un problema y no lo puedes ver. Es el período de la negación.
- Llegas a tener problemas legales. Esto es que te manden a agencias de cobro, corten líneas de crédito, y aún así, sigues solicitando y aceptando las tarjetas que te dan.

Continúa en la siguiente página.

- Te sientes feliz en el momento de comprar, viéndolo como un acto que nutre una necesidad interna.
- Comprar suple una necesidad que no tiene que ver con el objeto que te estás comprando.
- Sientes una necesidad inconsciente que alienta la acción compulsiva de comprar para resolver un problema psicológico interno, desconocido para la persona que ignora el trasfondo.
- Tu clóset está repleto de ropa que compraste y no usaste y por la casa tienes decenas de objetos que simplemente no vas a utilizar.
- Te sientes mal contigo y te reprochas tu conducta de malos hábitos de compra.
- Sabes que estás fuera de control ante el hecho de comprar y firmar.

Con cinco respuestas afirmativas, según el psiquiatra Jorge Petit, es más que suficiente para recurrir en busca de ayuda. Y aquí viene la pregunta más importante, que seguramente se estará haciendo: ¿Tratamiento psicológico? ¿Con qué dinero? Ah, seguro que lo dice porque puede. «Yo no tengo dinero para acabar de hacer los pagos mensuales, a mí me falta para otras cosas, entonces, ¿qué hacer?» Hay un universo de opciones. Siempre y cuando no medien las excusas. Usted y sólo usted, como fue mi caso, sabe mejor que nadie, cuándo compramos por gusto y cuándo ese gusto ha traspasado peligrosamente las fronteras que requieren de un tratamiento especializado.

«El no tener recursos no es excusa —asegura el psiquiatra Petit—. Yo enviaría a un paciente a los grupos de autoayuda, esos generalmente son gratuitos o casi gratuitos. Solitos, los compradores no van a poder salir nunca de su problema. Siempre será necesario un grupo de apoyo. El grupo de autoayuda te da la idea de que no eres la misma, que has mejorado. Te da la idea de cómo lidiar con el problema desde otra perspectiva. Te da otras herramientas. Te da una identificación. Te hace ver que gente como tú tiene el mismo problema. En síntesis, es lidiar con la culpabilidad que uno siente de forma diferente y lo más importante, te da apoyo».

HAGA ALGO, PERO ¡HÁGALO!

No se vale quedarse de brazos cruzados lamentando la mala suerte de ser comprador compulsivo. ¿Se decidió a ponerle fin? Investigue, busque. Hay un océano de posibilidades. Instituciones de las llamadas *Non–profit,* es decir, sin fines de lucro y de ayuda al consumidor, tienen literatura disponible en forma gratuita. Consumer Credit Counseling Services ofrece este tipo de folletos. También la mayoría de los seguros médicos cubren cuotas para terapia. En mi caso, al entrar en el programa de manejo de deudas y comenzar a retomar el control de mi vida financiera bajo la guía de una consejera asignada a mi caso, como lo fue Joanna Alcalá, me sirvió para darme cuenta de que hay solución. MUÉ–VA–SE, tome el control de su vida. Que si es madre o padre de familia, sin importar si se encuentra casado o no, hay algo mucho peor: el temor a lo que va a pasar con nuestros hijos.

Mas allá de que he podido aclarar el origen de mi compulsión por comprar, más allá de mi miedo diario a entrar en un lugar y comprar sin parar, está el terror a que mis hijas sigan mis pasos, heredando una conducta, que si bien no nacieron con ella (porque no hay estudio que afirme eso) podrían haberla aprendido al verme con los años desesperada en el círculo vicioso de comprar y comprar. No estoy sola en este miedo. A decenas de mujeres con las que he hablado a lo largo de casi diez años de compulsión a comprar, a todas ellas, madres como yo, les atormenta lo mismo.

Esto es lo que he aprendido de la psicóloga Belisa Lozano–Vranich: «Esta es una conducta que, definitivamente, sí se puede transmitir, porque es una conducta aprendida. Ver la compulsión diaria es algo que aunque no lo manifiesten, los hijos absorben como información y finalmente terminan aprendiendo como modelo. Así que si están viendo algo, eso queda en alguna parte del cuerpo y del cerebro. Lo bueno es que en el niño está la aceptación de la situación o el rechazo. Es decir, puede que haya una hija que diga: con las compras no quiero nada que ver, porque recuerdo lo que eso hizo en la vida de mi madre o de mis padres. Pero puede suceder que, por el contrario, haya hijos que caigan en el problema exactamente igual que los padres. No hay que olvidar que esto, en la mayoría de los casos, es una conducta por absorción. El ejemplo más claro es lo que sucede con los casos de pacientes de violencia doméstica. Hay que tener cuidado, porque los hijos aprenden de alguna forma que las cosas deben ser así. Es decir, no nacieron, sino que eventualmente se hicieron. Y eso sólo se puede saber hasta que el problema se hace evidente».

Luego de aquella plática, salí a la calle con algo claro en mi mente: si los hijos aprenden con el ejemplo de los padres, creo que entonces debo preocuparme menos de lo que lo hago. En resumen, sí, han visto a una madre compradora que firma y después llora, pero también han visto a una que ha hecho TODO lo que ha podido para salir del problema, para tener una relación sana con uno de sus demonios, el de la compulsión por comprar, el que finalmente no logró devorarla. Y con eso, ellas tienen el mejor ejemplo.

PARA RECORDAR:

- Defina honestamente. ¿Compra por gusto o por enfermedad?
- Revise la lista de señales de peligro y encuentre si ése es su caso.
- Busque ayuda. Encuentre la que mejor se acomode a sus necesidades, que sí la hay.
- Investigue las reuniones de los grupos de compradores compulsivos, los que están basados en la filosofía de los doce pasos que han resultado efectivos en adicciones al alcohol y la droga.
- Investigue en la Internet. Ahí se encuentra un verdadero océano de posibilidades.
- Pierda el miedo y la vergüenza a enfrentar a este monstruo, que tal y como sucede en problemas de violencia doméstica, son conductas que los hijos aprenden, y sin imaginarlo, lo vamos a transmitir a quienes más queremos.
- En el capítulo "Sabía usted que . . ." encontrará mayor información para buscar ayuda.

Capítulo 9

LO QUE NECESITO . . .
Y LO QUE QUIERO

No ME DIGA que no ha vivido algo semejante a lo que le voy a narrar porque, o lo felicito por valiente o lo busco para exhibirlo por mentiroso o mentirosa, según sea el caso. ¿Acaso no le ha sucedido, como a mí, que entra en una tienda de alimentos naturales y en ese preciso instante (y sin haberlo sido nunca) de inmediato se convierte mentalmente en naturista? Ahhh, las ventajas de las vitaminas, nos repetimos sin cesar. Ésta seguro que me protege de las gripas; ésta otra me pone los huesos fuertes como los de Supermán; aquélla es la maravilla que me va a mantener la mente tan inteligente como la de una científica de Harvard. Pretextos sobran.

Si acaso hemos aguantado el embate de la tentación a comprar cosas inservibles, entonces caemos víctimas del dependiente de la tienda que está entrenado a meternos en su lista de clientes picando nuestra avaricia. De inmediato nos ofrece el descuento del año, dándonos tres frascos de la pócima maravillosa por el precio de uno. Ya para entonces, ¿qué decimos? Total, pos démelos que ya entrados en gastos . . . y los compramos.

¿Y qué me dice de cuando se trata de productos para bajar de peso? Todos, sin excepción, prometen la pérdida maravillosa de grasa con el menor esfuerzo. Ahí mismo, frente a esas desconocidas sustancias, juramos y perjuramos: «Ahora sí que con esto, tú verás, ¡uffff! ni quien me alcance. Flaca de por vida». De inmediato nos imaginamos en un espejo, luego de tomar aquellas "maravillas", convertidas en unas sílfides instantáneas que dejarán morado de envidia al resto del mundo. ¿Sucede eso en realidad? No, por supuesto. Todo es men–ti–ra. La verdad es que si acaso comenzamos a tomar cualquier tratamiento de esos, pronto terminamos guardando cápsulas, pastillas, ungüentos y jugos en el cajón del olvido, porque después de unos días de no ver resultados y seguir igual que como estábamos antes de comprarlas, entra la frustración y la rabia al darnos cuenta de que caímos en el espejismo, y pa´l diablo las fregadas pastillas.

¿Qué más? Bueno, que seguimos comprando y comprando todas aquellas cosas nuevas que salen y que nos venden por televisión en los llamados *infommercials*. ¡Eso sí que es la antesala de la muerte para los compradores compulsivos! Si se trata de aparatos para tener abdómenes de modelo, piernas de escultura romana o brazos de quinceañera (sin importar que pasemos de los cincuenta), inmediatamente pedimos el artefacto por teléfono. Y cuando finalmente llega a casa, empacado en una gigantesca caja, de antemano sabemos con la sola mirada del empleado postal que más nos vale que sirva, porque difícilmente el pobre hombre regresará a buscarla para devolverla. Luego de la primera intentona, en medio del más resguardado de los fracasos, renunciamos, porque nos dimos cuenta de que no somos como los modelos perfectamente entrenados del *infommercial* y que los aparatos son única y exclusivamente para tontos soñadores (y de paso flojos) como nosotros, que nos creímos un cuento tan bonito. El sueño termina pronto dejándonos más gordos y mas frustrados, porque ni usamos aquellos mostrencos, ni los podemos devolver.

Antes tampoco entendía por qué Fabio me recriminaba sobre mi compulsión de comprar, por ejemplo, cuatro barras de pan en lugar de una o dos pares de zapatos del mismo color y estilo, o por qué atiborrar el refrigerador con siete botes de leche, dos docenas de huevos y el congelador con libras y libras de carne que se hacía vieja y que nunca descongelaba. Durante varios años, por supuesto, Fabio, narraba mis viajes al supermercado como parte de sus anécdotas favoritas, rociadas siempre con su habitual talento caribeño. «¡Caballero! ¡Parece que la que hubiera llegado de Cuba fuera ella y no yo! No, mi amor, aquí no tienes que formarte en "colas" de varias horas para comprar cosas. Aquí hay de todo, así que por favor no compres las cosas por triplicado . . . , pues cada vez que abro el refrigerador, ¡lo que me cae encima amenaza con matarme!»

¿En realidad me sucedía esto con más frecuencia a mí que a otro ser humano en el planeta? Con el tiempo y los tropezones aprendí que no. Que soy igual a una inmensa mayoría a quien va dedicado el mundo del consumismo que no nos enseña la diferencia entre el "querer" y el "necesitar".

La información que fui encontrando me dio la clave: ca—ren—cias del pasado. La literatura al respecto, la terapia, las sesiones con expertos y el tiempo me hicieron ver que simplemente, por esas graves carencias, en el momento en que pude comenzar a comprar, olvidé las dos cosas más importantes que evitan el dispendio: lo que necesito . . . y lo que quiero. Así fue como encontré que quizá el 75 por ciento de lo que he adquirido en mis años adultos simplemente es para suplir las carencias del pasado. Más claro: son artículos que he querido comprar sin necesitarlos. Y dale con lo mismo. ¿También "el factor Coatzacoalcos" metido en medio? ¡Por supuesto que también! Es parte del disco duro de mi computadora personal —que sabrá Dios por qué y a qué horas se prende—, pero que me incita a comprar bloqueando el poco sentido común que queda en un comprador compulsivo, como soy yo.

A costa de tropezones, de esconder los estados de cuenta de la vista de Fabio, de tronarme los dedos al pensar en la cantidad de cosas innecesarias que tendré que pagar de "golpe y porrazo" a fin del mes, sólo así comencé a tener conciencia del complicado proceso del "necesitar y del "querer" y comencé a desarrollar mis propias técnicas para saber cuando comprar una cosa y cuando no. Por ejemplo, hay que identificar en un presupuesto las cosas "necesarias". Éstas son los artículos indispensables para operar en la vida diaria: comida, cosas de limpieza de la casa, los recibos de luz, agua, teléfono, gasolina, los gastos de los hijos en la escuela, colegiaturas, cierta cantidad de ropa y zapatos. Esto es algo necesario.

¿Qué es algo que simplemente se "quiere"? Por ejemplo, endeudarse por un viaje a Disneyworld porque el maravilloso parque de diversiones está de cumpleaños, comprar unos zapatos verde musgo para usar en primavera o adquirir el mismo chal en dos o tres colores distintos: «Ay, sí, al fin que por todas partes el aire acondicionado esta tan frío que siempre será de lo más *fun* andar perfectamente combinadas». Toda esta suerte de cosas que sólo sirven de adorno y por tanto no pasan el autoanálisis instantáneo antes de firmar y pagar, todo eso es algo que "queremos" y nada más.

En la fila de pagar en las tiendas hago un ejercicio mental: ahí mientras los demás creen que me he vuelto loquita sacando cosas y poniéndolas de nuevo en su lugar: ¿En verdad lo necesito hoy mismo? Al responderme con un no rotundo, he controlado, segundos antes de pagar, casi el cincuenta por ciento de mis compras de "pánico", como las llama Chata Tubilla, mi amiga de la infancia en Coatzacoalcos, México, y quien es la reina indiscutible del *shopping*.

Lo que se desata cuando la Chata Tubilla llega a los Estados Unidos, es un verdadero vendaval de compras donde el "querer" y el "necesitar" están tan unidos que no se pueden distinguir: «Hermana, ¿cómo no me voy a llevar esto y lo otro, si aquí están casi regalados de precio? Así que hay que aprovechar las ofertas, pues ya sabes mi lema: "Donde dice *SALE . . . ,* yo entro" ».

La suya fue la misma razón que durante años esgrimí para comprar y comprar mientras viajaba. «Esto no lo puedo dejar de llevar porque aquí cuesta la mitad de lo que pagaría en México». ¡Resulta que tengo veinticinco años viviendo en los Estados Unidos y no me di cuenta hasta hace un tiempo que yo seguía, con la misma excusa, atiborrando clósets con las compras hechas en el extranjero!

¿POR QUÉ NO SE PUEDE VIAJAR SIN DEJAR DE COMPRAR?

«¡Esas compras que hace uno mientras viaja tienen otra explicación!» Quien hacía la aclaración era Fernán Martínez, manager de Julio Iglesias, ex productor del *Show de Cristina,* ex representante y creador del éxito de Enrique Iglesias, uno de los periodistas más ingeniosos que he conocido y un viajero empedernido. «No es ningún secreto que vivimos en una cultura donde no sabemos salir a divertirnos sin ir a comer o a gastar en las tiendas, lo hacemos también porque comprar es un placer, así, sin más. Por eso no entendemos que por ejemplo vayamos a Nueva York o a Hong Kong y no hagamos una sola compra. Viajar a algún lado significa comprar. ¿Sería posible ir de viaje sin comprar? Por supuesto que sí, pero no estamos acostumbrados».

La premisa de Fernán Martínez me hizo recapacitar en el dinero que he gastado en *souvenirs* y demás "recuerditos" en cada viaje. Todo eso que uno trae a casa podría ser insignificante cuando se viaja dos o tres veces al año. Pero ¿qué sucedió con mis cuentas? Pues que llegaron a un punto escandaloso con lo que en cada viaje compraba para familiares y amigos, especialmente porque hago un promedio de veinticinco por año, con el mínimo de una semana de duración. En esos viajes, la distancia y la excusa más frecuente, «Tengo que comprarme las cosas porque ¿cuándo vuelvo a venir?», terminaron abriendo el hueco en mi bolsillo, básicamente por artículos que ni remotamente necesitaba, que sólo quería, y que para terminarla de rematar, nada más habían avivado la adicción que me seguía sin importar que no me encontrara en casa.

Luego del análisis recordé que las bases de manejar una economía sana, son: no olvidar ni un momento que soy compradora compulsiva y que para la adicción no importa donde estés; ésta te sigue a todas partes y no te deja hasta que se trate en forma profesional. También entender que tampoco hay recuperación, sino sólo mejoría, por lo tanto hay que estar siempre pendientes de que la más mínima compra sin control vaya a desencadenar una situación incontrolable, y básicamente esto se deberá a que hemos olvidado la diferencia entre lo que queremos . . . y lo que verdaderamente necesitamos.

Total, que a golpe y porrazo he aprendido a huir de los espejismos. No entro a una tienda donde haya algo que me prometa el espejismo de adelgazar. ¿Y los *infommercials*? esos son cosa del pasado. ¡Ah! Y si me pica la curiosidad por comprar algún aparato que me deje el cuerpo de diosa del Olimpo o si en una tienda traigo varias prendas para pagar, en ese instante pongo mi cerebro en "pausa", me hago el autoanálisis . . . y generalmente me desconecto, salvándome de lo que me va a destruir.

PARA RECORDAR:

- Defina honestamente lo que "necesita" comprar y lo que "quiere" comprar.
- Identifique si está comprando algo debido a una carencia del pasado.

Continúa en la siguiente página.

- Cuestione la necesidad de cada objeto que compra por poco que cueste, así se encuentre en el supermercado o en una tienda de descuento o en un almacén de lujo. El lugar no importa, lo unico que importa es la salud financiera de su vida.
- Un comprador compulsivo siempre tendrá la posibilidad de una recaída porque es una situación donde no hay cura, sino mejoría.
- Tenga siempre presente que la compra más mínima va a desencadenar una situación incontrolable.

Capítulo 10

COMPRAR . . .
"CATEGORÍA"
O "COMPETENCIA"

MUCHAS VECES he rogado al cielo que algún científico despistado descubra una vacuna que nos haga inmunes a la enfermedad que raya en epidemia: COM–PRAR. Pero ¿cómo hacerlo si comprar y lo que compramos nos descubre ante los demás y, de paso, nos da o nos quita "categoría"? Recuerdo con tristeza, como si se tratara de algo que le estaba pasando a un familiar, el día en que la prensa dio a conocer el escándalo que involucraba a Martha Stewart, la diva norteamericana del "hágalo usted mismo, pero con clase". ¡En la torre!, me dije. ¿Y qué va a pasar con todas nosotras, las mujeres que la seguimos por televisión, si ella va a la cárcel? ¿Qué va a pasar con su maravilloso negocio, en el que, a pesar de sus problemas legales vino a darnos categoría a quienes compramos en K–Mart? ¡Santa cachucha, líbranos de todo mal, protégela y no lo permitas, amén!

Desde que sus productos aparecieron a precios populares, en innumerables ocasiones me repetí lo mismo que otras mujeres por los pasillos de la tiendotota donde se encontraba su mercancía: «Ahora sí que no pueden decirnos que somos "del montón" para comprar porque, ni quien dude que podemos tener cosas baratas al mejor estilo de lo que doña Stewart nos dicta desde su elegante finca de Nueva Jersey».

Los problemas de la gurú doméstica amenazaban en dejarnos nuevamente en calidad de compradoras baratas, (*cheap* les llaman en los Estados Unidos), pero las estadísticas que tanto gustan, a Dios gracias, me dieron la razón para guardar la calma: seguramente nada pasaría porque en una investigación de mercadeo, para el 65 por ciento de las mujeres, el que a Martha Stewart le hubiera dado el "patatús" y gritara de groserías al empleado de la financiera que la atendía, o el que se enterara de que iban a bajar sus acciones de la bolsa de valores y las vendiera violando secretos financieros, no cambiaba en absoluto las ganas de sus seguidoras para continuar adquiriendo sus productos. El dilema entonces era ver cómo le iba a hacer nuestra venerada heroína de lo doméstico para seguir produciendo sus diseños en medio de la tragedia legal. Pero bueno, eso sería otro cantar.

Éste es un solo ejemplo de por qué, para millones, sin importar nada, comprar es una experiencia totalmente emocional ante la que no importa nada sino que obtener cosas. Es algo que nos muestra ante los demás como realmente somos: avaros, espléndidos, medidos, simples, apáticos, porque a fin de cuentas, el beneficiado en la mayoría de las compras es uno mismo.

«Un momento, que hay que poner las cosas en su lugar —dijo Migdalia Figueroa, productora ejecutiva del *Show de Cristina* y que fuera la primera productora con quien trabajé como presentadora del *Noticiero Univision Fin de Semana*, a partir de octubre de 1993, cuando me dieron el puesto—. En este punto de la crisis que producen las deudas, yo no creo que lo hayas hecho por tener "distinción" alguna, porque con tu profesión ya la habías alcanzado. Sin lugar a dudas tus múltiples tarjetas de crédito y la forma en que las utilizabas te mostraban generosa, comenzando por ti misma, porque tú comprabas de todo. Lo que realmente hacías era comprar para tener una sensación de calma ante un período lleno de responsabilidades con tus hijas. Lo más importante dentro de tu trabajo de madre fueron Adrianna y Antonietta, por ellas gastabas lo que fuera sin importar si eso te daba o no categoría, bastaba con lo que tú creías que las hacía felices a ellas. La impresión que yo tenía era de que aquella cantidad monstruosa de tarjetas de crédito eran las que te habían dado estatus al obtenerlas, no lo que comprabas con ellas, porque siempre has sido generosa.

«Cuando Fabio apareció en tu vida, en medio de aquella escena de dispendios, yo me lo imaginaba a él como quien se casa con un alcohólico, es decir, a alguien que comenzó de cero en una relación pero con el propósito de sanar un problema, situación que a gritos pedía tener un final, y que finalmente llegó porque siempre has sido una persona responsable, pero que necesitaba quien marcara el alto».

Migdalia Figueroa es el más claro ejemplo de cómo se puede ser joven físicamente y a la vez, mentalmente, toda una "venerable anciana" que ha sabido controlar su vida a los veinticinco años. Increíblemente, desde siempre ha sabido distribuir hasta el último centavo de su sueldo de forma tal que paga, ahorra y se amarra el "cinturón" con una habilidad innata. Madre de un bebito recién nacido, llegó con él a Miami desde Nueva York en el verano de 1993, cargando pocas pertenencias en su equipaje. Con los meses, trabajando juntas, comencé a admirar que al parejo de ser una buenísima productora hiciera maravillas con un reducido sueldo. En su casa tenía de todo, incluyendo una persona que cuidara de su hijito a tiempo completo. Siempre me pregunté cómo hacía para que su único vicio cuestionable fuera el de fumar sin parar. ¿Cómo era posible que, siendo tan joven, no hubiera caído en las garras de mi popular vicio de comprar y endeudarse firmando y llorando, al son de que estaba sola y con un niñito?

Migdalia Figueroa había tenido además una excelente escuela de formación, no sólo periodística, sino también financiera, heredada de alguien exactamente como ella en el campo financiero: Helga Silva, directora de los noticieros del Canal 23 de Miami, y con quien ella trabajara en sus inicios en Nueva York, donde Silva era directora, también de los noticieros del Canal 41.

«En ese aspecto, Migdalia y yo —dice Helga, con un dejo bien marcado de orgullo personal— somos un par de veteranas. En ella aún más admirable que en mí, que soy mucho mayor de edad. Básicamente nuestros cimientos han sido los mismos para planear económicamente el futuro financiero: que todas las necesidades de nuestros hijos siempre estuvieran cubiertas, sin importar lo que sucediera con el trabajo o con nosotras mismas. En ocasiones, afortunadamente no muchas, por azares del destino, tuve que cambiar de empleo y, por tanto, vivir estrictamente con un presupuesto, pero fui yo quien quizá pasó algún período de estrechez económica. Mis hijas jamás. Ellas nunca sufrieron ni cambiaron su vida porque su madre no hubiera previsto que tal situación llegara a suceder. Por el contrario. Siempre me aseguré y lo sigo haciendo, de tener por lo menos, y lo digo bien, por lo menos, el dinero que cubre dos años de gastos básicos de la casa. De manera que eso, cuando se va logrando esa meta con esfuerzo y sacrificio, no sólo da la satisfacción más grande de la vida, sino la paz mental que no se compra con nada».

A Helga Silva y Migdalia Figueroa se les unen unos cuantos personajes que viven en la misma línea recta.

JORGE RAMOS: EL LUJO DE LA SENCILLEZ

Siempre he dicho que Jorge Ramos tuvo que haber llegado temprano a la repartición de cualidades antes de nacer, porque le tocaron todas y en abundancia. Excelente periodista, extraordinario padre de familia, esposo y amigo. Cuando usted piensa que con eso Jorge ya tiene todo, se equivoca . . . aún hay dos cosas más que hacen palidecer de envidia a la misma envidia: una es que . . . ¡por más que come, no engorda nunca!, y la otra todavía es más increíble. En un mundo dominado por la vanidad, el "mira–lo–que–tengo–y–lo–que–me–compré" y la presunción que gira en torno a lo material de una casa o el automóvil, el carro de Jorge en el estacionamiento de Univision pasa totalmente inadvertido porque no es, ni remotamente, el último modelo ni el más costoso. ¿Podría comprarse uno mejor? ¡Por supuesto que sí, y no sólo eso, también cambiarlo cada año! Pero no lo hace porque lo suyo anda por otra parte y la palabra lujo en su diccionario personal tiene un significado totalmente distinto.

«Desde luego que, cuando puedo, me doy mis lujos. Pero mi concepto de lujo es distinto al de mucha gente. Odio ir a las tiendas y a los centros comerciales. Compro únicamente cuando tengo que comprar. Compro por necesidad, no por gusto. Por lo tanto, para mí, lujo es tener tiempo. Ése es el verdadero lujo del siglo veintiuno: tener tiempo para hacer lo que uno quiere hacer.

«Tengo una visión muy práctica de la vida. Para mí, un carro es, sencillamente, una máquina con cuatro ruedas que me lleva del punto A al punto B. No tengo que manejar un auto del año, ni me importa. De hecho, me aburre inmensamente hablar de autos. Es como hablar de lavadoras o estufas; son cosas que uno usa pero que no debieran quitarnos tiempo y, mucho menos, endeudarnos».

En innumerables ocasiones me ha dado los mejores consejos y hasta el día de hoy ni uno solo me ha fallado. Generalmente su opinión me forma y me conforma. Por eso, racionalizando lo de su auto y el porqué de su aversión a comprar, es que me doy cuenta de que es diferente a miles como yo, para quienes además de todas las inconveniencias que produce, *comprar es también cuestión de competencia.* ¿Competencia como si fuera una carrera deportiva? ¡Mucho peor que eso! Por lo menos en el deporte lo importante, dicen, no es ganar sino competir, pero en el mundo del consumismo, *comprar* significa ganar y superar lo que tienen vecinos, colegas o amigos.

La psicóloga Belisa Lozano–Vranich explica la mecánica de esta competencia: «Viene de la idea de la infancia, donde el niño siempre quiere tener el juguete más grande. Eso va creciendo con el individuo. Es la misma situación que uno no ha podido superar, por tanto es una conducta que sigue al individuo. Lo interesante es lo que la gente decida escoger, cómo y contra quién quieren competir. Así que el ejemplo de Jorge Ramos es maravilloso. Mientras ha decidido que no le importa ni comprar, ni tampoco el auto que usa, por otra parte hay algo que para él brilla atrayéndolo tanto, como para una mujer podría ser un diamante o para otro hombre cualquier posesión material y en eso radica su éxito profesional y familiar. Lo que sucede es que, debido a la disciplina que indudablemente tiene, Jorge encontró su verdadero motivo en la vida, por lo tanto, la energía y sus recursos están invertidos en sus metas, de la misma forma que otros invierten dinero y energía en comprar cosas para competir o para tener cierta categoría».

Lozano-Vranich encuentra el punto que debe preocupar a los padres de familia.

«Lo interesante es buscar cómo y en qué etapa se gestan los problemas que serán desastrosos en la vida adulta. Yo les digo a mis pacientes que esto comienza muy temprano en la vida. Por eso, con nuestros hijos, y especialmente con las niñas, tenemos que inculcar los valores morales. Si por ejemplo un padre o una madre, en lugar de destacar virtudes como la inteligencia, la bondad, la perseverancia, etcétera, se concentra sólo en destacarles la belleza, "qué bonita eres, qué linda estás o qué preciosa luces", esas frases inocentes que les repetimos con orgullo, en un momento determinado de sus vidas harán que esas niñas tomen con el tiempo la información que les haga adquirir, al precio que sea, los objetos que les permitan seguir siendo más bonitas para seguir agradando. Ahí es el punto donde muchos pierden la perspectiva de las cosas que hacen y que tienen, en aras de destacar únicamente la apariencia o la belleza, sin darse cuenta de que sólo son factores transitorios. Estas situaciones desvían los verdaderos valores morales de un ser humano, que nunca pasan de moda. Si a eso añadimos que la industria está materialmente empujándonos a comprar y comprar para estar a la moda como requisito para ser atractivos, pues los desastres son fácilmente previsibles».

En palabras claras. ¿Hay remedio cuando ya nos ha alcanzado el daño? ¡Por supuesto que sí! Pero hay que ser honestos. Busque ayuda profesional, pero antes esté consciente de que si su carrera es comprar por "competir" o "por tener categoría", los orígenes se encuentran en el laberinto de nuestra mente. Ahí habrá que hurgar hasta hallar los verdaderos valores con los que fuimos diseñados al nacer, y donde no importan el consumismo, las tarjetas de crédito, las deudas o los lujos. Como dice Jorge Ramos, son las cosas sencillas que el dinero no puede comprar, como el tiempo para uno mismo. Ahí lo tiene, así de claro.

Usted decide.

PARA RECORDAR:

- Comprar no significa tener mayor o menor categoría.
- Defina cuándo compra por competencia.
- Calcule el daño que le va a costar competir en esa forma y contra quién va a hacerlo.
- Más importante que comprar es ahorrar para cubrir por lo menos un año de necesidades básicas.
- Defina lo que para usted significa la palabra "lujo".
- Tenga cuidado con los elogios a sus hijos. Todos los mensajes superficiales quedan en el subconciente y salen más adelante.
- Destaque virtudes, como lo bien que estudian o cumplen con obligaciones en la casa, en lugar de cosas banales.

Capítulo 11

PORQUE YO ME LO MEREZCO
(el arte de la recompensa)

SIEMPRE HABÍA PENSADO que yo era el ser humano que más se consentía en el mundo. Al son de "Yo me lo merezco, qué caray" me he comprado lo que he querido y lo que no. Durante años, he planeado cuidadosamente lo que me voy a regalar en cumpleaños, onomásticos, navidades y hasta en el día de las madres. ¿Qué, acaso no trabajo bastante para no poder darme un gustito? Total, que siempre había creído que todo eso era parte de lo mucho que me quiero; sin embargo, en realidad se trataba de otra cosa, de una más de las razones con las que nuestra mente nos sabotea para comprar descontroladamente, jugando con nuestras emociones y que no es otra cosa que el arte de la recompensa, algo que desde el principio sorprendió a Fabio, mi marido. «Siempre tuve mis dudas sobre si en realidad lo que hacías era una recompensa o un pretexto para seguir comprando, pero te escuchaba tan convencida que me terminabas convenciendo de lo primero. Cada vez que lo hacías y te preguntaba por qué, me respondías lo mismo: es un regalo que me doy porque trabajo mucho y me lo merezco. Con el tiempo me di cuenta de que era la justificación para seguir en el afán de comprar».

En realidad, la costumbre me comenzó años después de haber llegado a los Estados Unidos, cuando en la década de los ochenta, materialmente me partía en mil pedazos para ganar el sueldo. Al mismo tiempo que era corresponsal de la cadena Televisa en California, cubría béisbol de las ligas mayores para el diario *Novedades* de Ciudad de México, escribía para revistas y era madre de familia. El tiempo libre y el dinero de sobra no eran muchos, pero siempre me las ingenié para que se convirtieran en el premio a la forma en que cumplía con todo y muy bien. Cuando más agobiada estaba, más sentía la necesidad de mimarme. ¿Cómo lo hacía? En los primeros años, comiendo. Con grandes comilonas. Desistí de tan sabrosa manera de premiarme, porque al cabo de unos meses terminé engordando casi sesenta libras. Después, mi sentido común (que obviamente no estaba funcionando a toda su capacidad) me encaminó a recompensarme con regalos materiales: Y ¿cómo no hacerlo, si al fin y al cabo estaba luchando con todas las armas para obtener el "sueño americano"? En el más puro estilo del inmortal cómico mexicano "Cantinflas", ahí estuvo el detalle.

Analizando la época en que comencé con la "matraquilla" de la autorecompensa, encontré que esta situación no me atacó en los primeros años de haber llegado a los Estados Unidos. El mal me llegó años después. ¿El motivo? Al principio yo no tenía crédito, y como recién llegada (y sobre todo en la década de los ochenta, cuando la economía andaba mal y por tanto las deudas también), llegar a tener una tarjeta de crédito era toda una proeza. A mí me costó tanto esfuerzo tener una, que finalmente cuando lo logré, lo primero que hice fue premiarme con regalos que compré firmando sin importar nada más. Después de la primera tarjeta, y como siempre he pagado puntualmente, las demás llegaron solitas. «Esto sí que es el puro sueño americano», me decía, mientras acariciaba aquella cartera donde iban ocupando espacio, una a una. Entonces, con singular alegría me dediqué a comprar lo que siempre había querido tener, lo contrario de lo que en su momento hizo mi marido, tan inmigrante como yo, llegado de Cuba en una balsa: «Como crecí en una sociedad en la cual no había nada que comprar, y en el remoto caso de que uno tuviera dinero no había nada que vendieran, al llegar a Miami no me deslumbré y seguí pensando como antes: yo me compro las cosas que me hacen falta y nada más. No me compro cosas para recompensarme por haber tenido que remar para escapar de Cuba o porque no tuve muchas cosas».

UN MENÚ DE OPCIONES

Sin saberlo, Fabio Fajardo formaba parte de los muy pocos seres humanos cuyos cerebros vienen equipados de origen con el seguro del control a las compras compulsivas sin necesidad de suplir una carencia anterior. La inmensa mayoría, nuevamente, somos lo opuesto. El arte de la recompensa tiene un gran campo de acción de acuerdo a la psicóloga Belisa Lozano–Vranich.

«Lo que resulta desastroso es cuando el individuo no tiene ni control ni opciones. Comienza recompensándose con comida o bebida si es el caso. Si la pregunta más frecuente que se hace es: ¿Qué voy a hacer para mimarme después de un día difícil en el trabajo? o ¿qué hacer después de una situación difícil en la casa?, la respuesta es, hay dos caminos. La decisión dañina es cuando uno no tiene un menú de opciones y el complacerse significa comprar, a costa de endeudarnos. Entonces, es obvio que eso es una decisión dañina.

«Cuando, por el contrario, lo que hacemos es saludable, las decisiones estarán basadas en el bienestar entendido de forma diferente, por ejemplo, la premisa debe ser: He tenido un día difícil en el trabajo o en la casa y para mimarme puedo emborracharme o puedo comer todo lo que se me antoje sin importar lo que engorde, pero he aprendido a encontrar la satisfacción y el premio en otras cosas. Puedo ir a un gimnasio, caminar al aire libre (que no cuesta), tomar una clase de baile, un masaje, comer ligero, ir a dormir temprano, que son opciones que nos van a hacer sentir bien».

La psicóloga Lozano–Vranich cerciora que sus pacientes entiendan que lo peor de gastar bajo el lema de "porque yo me lo merezco" es que uno no disfruta cien por ciento de la compra o de la situación que escogió y que supuestamente nos iba a recompensar, porque se está dentro de un ciclo vicioso. El complejo de culpa nos persigue, el "por qué lo hice" nos flagela a cada momento, culpándonos de no tener fuerza de voluntad y continuamos con las excusas que borran automáticamente el bienestar que produjo en el corto lapso de tiempo en que compramos, bebimos o comimos.

«Al momento de tomar una decisión para recompensarse hay que pensar en las consecuencias del "día siguiente". Hay que pensar que el alcohol produce "resaca" y nos vamos a sentir terriblemente mal. Hay que pensar en el sentimiento de culpabilidad que nos va a caer encima por engordar luego de una comilona, y hay que pensar lo que puede ser peor aún: si el regalo que nos dimos fue comprándonos cosas, apenas salgamos de la tienda estaremos aterrorizados por el momento en que hay que pagar las cuentas, porque de antemano sabemos que no tendremos dinero suficiente».

TODO TIENE SOLUCIÓN

Con sus pacientes compradores compulsivos, Lozano-Vranich ha desarrollado una terapia especial: «Al principio y en tanto aprenden a hacerlo por ellos mismos, les doy herramientas para subsistir en los momentos de tentación. Primero les pido que en el momento de la tentación me llamen por teléfono. Que lo hagan antes de tomar una decisión equivocada. Después les pido que pongan en práctica lo que es mi ejercicio favorito: hacer pausa. Hacen entonces pausa mentalmente y me llaman. Eso lo aplico a todo momento en la vida donde hay riesgo y donde podemos poner en un alto nuestras actividades. Cuando de antemano uno identifica el momento en el que va a hacer algo impulsivo, hay que hacer pausa. Previamente entre el paciente y yo hemos creado frases de apoyo. Quiero esta cosa . . . pero sé que la estoy comprando porque creo me voy a sentir mejor . . . pero puedo sentirme mejor si sigo una de las opciones saludables que aprendí en la terapia.

«Cuando el paciente me llama antes de un momento de compulsión, le ayudo a darse cuenta de lo que en realidad está haciendo. Éste fue el caso de una joven que me llamó del interior de una tienda lujosísima: estaba a punto de comprar un bolso de más de quinientos dólares, a sabiendas de que pagarlo la iba a meter en problemas. En ese momento, le recordé otra ocasión en la que estuvo al borde de caer y cómo no sucedió porque decidió ir al gimnasio. Le recordé lo bien que se sintió y lo orgullosa que estaba de sí misma porque decidió seguir su menú de opciones saludables. De inmediato pusimos en práctica la "pausa mental" y me respondió que iba a dejar de pensar en el bolso por lo menos hasta la semana siguiente. Sobra decir que la semana siguiente no lo compró porque el momento de la compulsión ya había pasado. Así es como, juntos, aprendemos a utilizar la variedad de cosas buenas que hay en el menú de la vida».

EL ARTE DE AUTOELOGIARSE

Ésta es la verdadera recompensa. Durante pláticas con Belisa, ella me hablaba de las razones por las cuales muchos males comienzan en uno mismo. «Los pacientes no saben que en el autoelogio hay también un reconocimiento gratificante que podemos darnos. El termino *locus of control,* que se traduce como "punto de control", por lo general hace que el individuo tienda a ignorar las cosas buenas que le pasan. Por lo general, suelen marcarlas como una casualidad, sin ver que son ellos mismos quienes las hicieron posibles, y por el contrario, cuando algo malo sucede, se culpan del fallo. Con los años pierden la capacidad de halagarse a sí mismos sin saber que el ser humano debe halagarse y alabarse por las cosas buenas que realiza. Viniendo de uno mismo, el autoelogio es la recompensa más sincera que puede existir y la más barata del mundo».

CALMA PARA EL ALMA

Entre las dietas, los problemas con los hijos adolescentes y las compulsiones a comprar me he vuelto una especie de autodidacta de la psicología de bolsillo. A base de investigar sobre estos temas me di cuenta de que una de las cosas que tienen en común es que como en todo comportamiento obsesivo, calmarse a uno mismo es de gran ayuda. ¿Cómo hacerlo? Aprendiendo a escucharme a mí misma. Si tengo ganas de llorar . . . pues lloro y después me pregunto qué voy a hacer. También he aprendido a escuchar lo que me dicen las personas que me enseñaron cómo llega la calma, metiendo los problemas, las compulsiones y las ansiedades en un cajón mental. Cuando se da esa situación, mentalmente imagino estar abriendo un archivero para meter ahí el fólder con los problemas, que al día siguiente, seguramente los veré diferente. Esto es una combinación de hacer pausa mental y postergar, que da como resultado la calma para pensar en el problema otro día.

APROBANDO EL EXAMEN

La terapia me ayudó paulatinamente a desterrar el viejo hábito tan gratificante (siempre y cuando no se me fuera la mano) de recompensarme materialmente por esto, por lo otro y por lo de más allá. Poco a poco fui disminuyendo los regalos. De seis y siete por ocasión, a sólo uno o dos. ¿Cómo lo hice? Marcándome el alto como si lo hiciera con otra persona que me pidiera regalo tras regalo. Así, cuando me pido regalitos que se salen de la cuenta, de inmediato voy a un espejo y me regaño: «Oye, Collins, párale, pareces barril sin fondo, ¿acaso crees que el dinero me cae del cielo? ¡Nada de otro regalo porque tú te lo mereces! Ya tienes lo suficiente. No seas abusiva, que después ya sabes cómo te va a la hora de pagar». Así de clarito me doy mi jalón de orejas, y de inmediato, yo, que no soy nada tonta, me hago caso y dejo de andar pidiéndome más cosas.

Sin embargo, no percibí el cambio total que había dado en el hábito hasta hace un par de años, cuando cumplí cincuenta años y, tal y como dicta la tradición, tendría que "tirar la casa por la ventana" haciendo un fiestón para cientos de invitados. *¿Cómo no voy a festejarlo, si yo me lo merezcooooo?* Cuando comencé a hacer la lista y vi la cantidad de dinero que gastaría en aquello, que al final de cuentas iba a terminar en críticas y pleitos porque «fulano no se lleva con zutana y cómo invitar a este o como no invitar a la otra», me salió la casta y dije, "¡Basta! ¡Al diablo con la fiesta en nombre de que yo me lo merezco!"

Yo lo merezco, sí, pero haciendo un día lo que se me pegue mi real gana. Me merezco un cumpleaños con las cosas que me hagan feliz. Lo que Fabio iba a gastar en la fiesta me lo dio en el reloj que siempre he querido y que a fin de cuentas me marca a partir de los cincuenta, los mejores años que estoy viviendo.

¿Quiere saber cómo festejé esa fecha tan especial?

Con el consejo de Jorge Ramos: dándome el lujo de tener tiempo para mí misma. Por primera vez, sin ser vacaciones, no trabajé ese día que era domingo de noticiero. Mi gran lujo fue dormir hasta tarde y comer en familia en el patio de la casa de mis suegros, sin maquillaje, vestida de *jeans* y camiseta, con un *cake* sencillo de dulce de leche como tanto me gusta y dándole gracias a Dios por permitirme rectificar el rumbo de mis desastres que comenzaban con aquellas "premiaciones maratónicas". Eso fue lo que me regalé, y estuve más que feliz. Era claro que seguía venciendo a mis demonios.

PARA RECORDAR:

- Crear y tener presente su menú de opciones para cuando la compulsión se presente.
- Decidir qué hacer entre lo bueno y lo malo de las opciones.
- Recordar cada vez que lo hizo bien y la sensación de bienestar que le produjo.
- Tener honestidad para escoger la mejor opción.
- Hacer una pausa mental cuando hay riesgo de crisis.
- Aprender a recuperar la calma.
- Y no olvidar la recompensa más sincera y barata que existe: reconocer y alabarse a sí misma.

Capítulo 12

NADA PARA MAÑANA O LA CULTURA DEL "HOY MISMO"

El tiempo comenzó a correr casi sin que me diera cuenta de que habían pasado casi dos años de estar en el programa de manejo de deudas, o quizá mi mecanismo de supervivencia me permitió poner, como siempre, buena cara al mal tiempo y olvidarlo. Lo cierto es que un buen día me encontré exactamente más allá de la mitad del camino para pagar mis deudas. En este punto, mi autoestima andaba ya por los aires. Al parejo de ir liquidando tarjetas, me había ido reconstruyendo de las cenizas. Fue muy emocionante ver la misma cuenta, aquella donde una vez hubo veintidós tarjetas de crédito reduciéndose paulatinamente, porque fui pagando primero una, después dos y tres y cinco. Y aunque faltaban diecisiete, yo sabía que había hecho lo correcto.

En el inter, en las clases sobre lo "que se debe y no se debe hacer", me estaban preparando para el momento, año y medio después, en el que llegaría al fin de las deudas. En todo ese tiempo aprendí a ver las cosas con más calma y sobre todo a esperar el momento que fuese mejor para mis intereses económicos. ¿Recuerdan el auto que fue de mi hija mayor y que fue el que tuve que utilizar porque al arrendamiento o *lease* que tenía le quedaban dos años? Pues también se terminaron los dos años y ¡puffff! Por fin pude deshacerme de él. Como todo en la vida, ese auto me enseñó la lección para domar el "ego" y salir adelante a costa de sacrificar mi vanidad y no tener dos autos cuando podía utilizar sólo uno. Muy cerca de la fecha en que el contrato se vencía, Fabio, que es un genio para los números, me acompañó a comprar un carro nuevo. Para entonces, Antonietta estaba en dos equipos deportivos: fútbol y *softball* y lo que necesitaba para llevar niñas futbolistas, beisbolistas y el equipo que utilizan sería un vehículo deportivo. Hicimos un buen negocio y, a la usanza de los Estados Unidos, entré con el viejo y salí manejando el nuevo, y ahí mismo me hice la promesa: «El próximo auto, dentro de unos años, cuando termine de pagar mi deuda, será de la misma marca y color de mi adorado Blackie, pero para eso deberé tener los pies en la tierra y seguir cuidando lo que gasto para estar lista».

Por lo pronto, de acuerdo con mi consejera financiera, Joanna Alcalá, el cambio de auto fue una prueba de fuego: mi crédito no se había dañado al entrar en el programa de manejo de deudas. De otra forma no hubiera podido realizar la operación. Más allá del aspecto material del logro, había otra cosa de la que yo carecía y que había aprendido muy bien: el postergar, es decir, el demorar, aplazar, dejar para mañana (o como usted quiera llamarle) a las cosas que se hacen por impulso, como son las compras innecesarias.

LA CULTURA DEL "HOY"

Ésa es la gran asesina económica de quienes hemos llegado a los Estados Unidos como inmigrantes: la cultura del "hoy". *Hoy queremos todo*. Es decir, "hoy tengo una casa de dos dormitorios, pero en cinco años tendré otra más grande". Hoy en día se trata de vivir a todo sin postergar nada. Me voy a endeudar si tengo que hacerlo. ¿Por qué no? ¿Quién mejor que yo que soy una inmigrante luchona?

PORQUE SOY INMIGRANTE . . .

No me di cuenta de que precisamente los inmigrantes, somos los que con más ansia perseguimos el sueño americano, y también por eso, los que primero caemos en la trampa. Esta conducta es algo que el psiquiatra Jorge Petit ha visto hasta el cansancio en pacientes con hábitos de compulsión por comprar.

«Lo que sucede es que han venido de países donde hay pobreza, hay carencias; de repente, y gracias a que trabajan de sol a sol, cuando se ven con poder adquisitivo tienen que demostrar y contrarrestar de alguna forma las carencias que vivieron. Por eso es común escuchar el mismo pretexto: "Compro porque en mi país alcanzaba para lo mínimo que yo quería, y ahora que puedo obtener las cosas no me voy a privar de hacerlo."

«El que cae es aquél que no entiende que el *American Dream* viene con una etiqueta con el precio, y que muchas veces ese precio está fuera de su alcance».

Como ha sucedido en los tres libros que he escrito, www.Univision.com ha sido parte de mis investigaciones. Mercedes Juan, foronauta española, y Myrna Ocasio, foronauta puertorriqueña, son líderes de mi foro, donde los casos de inmigrantes atrapados por el sueño americano son similares al de Susana Rodríguez, usuaria del portal televisivo, bajo el nombre de Venezolana74.

«Al principio se me hizo muy difícil que me aprobaran la primera tarjeta de crédito, debido a que estaba recién llegada. Todos nos aconsejaban a mi esposo y a mí sacar tarjetas y usarlas, es decir pagar todo de esa forma, aunque tuviéramos el dinero, como una forma de construir nuestro historial crediticio. Seguí el consejo, y aunque algunos me rechazaron, una vez que logré que me aprobaran la primera, me comenzaron a llegar decenas de solicitudes preaprobadas para obtener más tarjetas. Las aceptaba. Decidimos entonces utilizarlas con mucha cautela, para no llenarnos de deudas y sólo usarlas para las cosas necesarias y emergencias».

Venezolana74 continúa su doloroso testimonio:

«Pronto esas emergencias y necesidades importantes se convirtieron en algo más: cada vez que salíamos a comer o de paseo, al ver algo que me gustaba, con sólo saber que la tarjeta estaba en mi cartera y con límite disponible, pues ya, iba y lo compraba, pensando que sería sólo esa compra y que en lo que llegara el estado de cuenta, lo pagaría. De poquito en poquito y de capricho en capricho llevé al límite todas las tarjetas de crédito y ahora que estoy sin trabajo y que es cuando realmente necesito las tarjetas para las emergencias que había pensado en un principio, resulta que no tengo el límite y lo peor es que sólo me alcanza para el pago mínimo requerido y volver a gastar el mismo monto con la tarjeta, comprando cosas que realmente necesito, como es la comida».

Venezolana74 sabe que está dentro del círculo vicioso donde será difícil liquidar la deuda, ya que la cantidad que paga en un mes de inmediato la gasta, y por otra parte los intereses que le cobran por cada compra la están devorando.

«He llegado al punto de que antes de salir a comer a un restaurante o comprar algo (que sé que no debería hacer en este momento por las deudas que tenemos mi esposo y yo), llamo al banco para saber el saldo disponible que tengo para usar de inmediato. Este impulso de salir a comprar con el respaldo de la tarjeta de crédito me ha salido bien caro, no sólo en los intereses que he tenido que pagar, sino en los famosos *fees* o cargos que nos cobran por cualquier cosa, por renovar la tarjeta, por sobregirarme del límite, etcétera. Una vez me cobraron treinta y dos dólares por exceder el límite. En este eterno dilema vivo siempre con las tarjetas de crédito, pagando y pagando y gastando y gastando por otro lado lo que pago».

A Joe Zunzunegui, director ejecutivo de Consumer Credit Counseling Services, historias como ésta no le parecen extrañas, todo lo contrario. Me sacó cifras que me dejaron fría del susto. Eran lo que ha producido "la cultura del hoy".

Por primera vez, en febrero de 2004, las compras de quienes viven en los Estados Unidos llegaron a los dos trillones de dólares. ¿Que significan esos números? Bueno, en principio la cifra es incomprensible para el grueso de la gente, comenzando conmigo: quiere decir que hemos pagado a crédito la cantidad de DOS MIL MILLONES DE MILLONES DE DOLARES, una cifra tan grande como las letras mayúsculas con que la escribí, porque debo confesarle que ni siquiera sabía dónde poner tantos y tantos ceros.

¿Qué se compra con esa cantidad? Simplemente todo. Mientras, los economistas gritan a los cuatro vientos que eso es algo maravilloso para el renglón que toca a las finanzas. Sin lugar a dudas que lo es, pero también significa otra cosa: que hemos olvidado en el proceso de comprar a crédito que esos dos trillones de dólares, con todos los ceros del mundo, TIENEN QUE PAGARSE de alguna forma.

De acuerdo con Zunzunegui, mientras los intereses no suban y sigan siendo bajos, todo puede marchar excelentemente bien. ¿Y qué pasa si eso no sucede así? Ah, que entonces sí tenemos que ponernos a parir trillizos sin anestesia. Así de duro, así de feo, así de doloroso. ¿Significa, además, otra cosa esa cifra sin igual? ¡Por supuesto! Y es algo de lo que nadie habla abiertamente: significa que hemos roto la cultura del postergar como nunca antes. *"Hoy se quiere todo y firmando, hoy se puede tener todo"*. Psiquiatras y psicólogos están de acuerdo en que "la cultura del hoy" está llena de víctimas con nombres y apellidos hispanos.

¿Hay otra razón de más para que eso sea así?, pregunté a otro de mis ejemplos a seguir: Marcos Ávila, esposo de Cristina Saralegui, y artífice del éxito económico detrás de quien es la reina indiscutible de la televisión en español en los Estados Unidos. No me sorprendí de que Marcos —quien siempre encuentra tiempo para prestar atención a mis dudas— tuviera la respuesta:

«Lo que sucede es que no aprendemos a demorar las compras y lo queremos todo al instante, sin importar las consecuencias, porque hemos olvidado las lecciones del pasado, cuando no existían las tarjetas de crédito. ¿Qué hacían nuestros padres? Ahorraban para comprar lo que querían. Cada mes separaban una cantidad en el presupuesto hasta juntar lo que necesitaban, y finalmente lo obtenían. ¿Qué sucede ahora? Que con la tarjeta de crédito vas, te compras no sólo el comedor sino que te das cuenta que no tienes una vajilla bonita para lucir y la compras, y después notas que te hace falta otro mantel, las servilletas que hagan juego y los cubiertos. . . . y también los compras firmando en un momento. ¿Tú ves? Ni siquiera hay tiempo para pensarlo. Todo se hace al instante. En verdad, hay que tener mucha fuerza de voluntad, saber lo que realmente puedes hacer y no salirte de eso para que las compras no se vuelvan un descontrol. Siempre la clave será demorar algo que sólo tiene urgencia de adquirirse en nuestro cerebro».

Hasta aquí el testimonio de quien seguramente le inspirará a usted en el momento de la tentación. ¿Le está atacando el síndrome de la "cultura del hoy"? Piense, reflexione, sueñe y, muy importante. . . . pos–ter–gue. No olvide que siempre habrá más tiempo que vida.

Por lo pronto, y para terminar con la "cultura del hoy", déjeme contarle lo que me sucedió luego de un tiempo de estar en el programa. Resulta que comencé con el "gusanito de comprar una casa más grande". Contrario a lo que hubiera hecho sin la guía de Joanna Alcalá, mi consejera, me dediqué a ver, con tiempo y sin prisa, opciones de lo que podría comprar (algo que nunca antes hubiera hecho). Generalmente llegaba, veía y me metía en problemas. El proceso de selección me llevó un año y, cuando menos lo imaginé, encontré la casa que realmente era para mí. No tuve mayores problemas para comprarla, ni para vender la que tenía, en una operación sin contratiempo. ¿Milagro? Sí. Uno moderno. El que me hizo poner en práctica una sabia frase de Willy Chirino: «Lo que está pa' ti, nadie te lo quita».

PARA RECORDAR:

- No justifique comprar lo que quiera y lo que no quiera, basándose en que es un inmigrante que vino a los Estados Unidos a cumplir el sueño americano.
- Recuerde que el sueño americano viene con una etiqueta de precio que no siempre se puede pagar.
- No caiga en la "cultura del hoy", del "lo quiero de inmediato porque puedo comprarlo".
- Aprenda a postergar, demore la compra que su compulsión le ordena hacer de inmediato.
- Y recuerde que la mayoría de las víctimas de "la cultura del hoy" tienen nombre y apellido hispano.

Capítulo 13

NO HAY MAL QUE DURE CIEN AÑOS . . .

. . . Ni comprador que los soporte.

Y conmigo pasó lo primero. No puedo decir que fue en un abrir y cerrar de ojos, pero sí que cuando menos lo imaginé, pasaron los casi cuatro años que liquidaron totalmente las deudas de mis veintidós tarjetas de crédito. Y si nunca voy a olvidar el aterrador día de 1994 en que, como reportera de investigación, descubrí que tendría que pasar a formar parte del programa de manejo de deudas de Consumer Credit Counseling Services o hundirme, así mismo JAMÁS voy a olvidar ¡el día en que hice mi último pago mensual! Una mañana de mediados de junio del año 2000, las manos me temblaban cuando entregué el último cheque certificado que me liberaba totalmente de la deuda de $46,000. Habían pasado tres años y medio. Joanna Alcalá, quien me había guiado durante ese tiempo, con felicidad y nostalgia se despidió de mí. «Ahora regresas al mundo real. Te vamos a extrañar, pero tienes que volver por lo menos a visitarnos. Tengo la certeza de que no vamos a encontrarnos en las mismas circunstancias, y espero que siempre recuerdes en tu vida diaria lo que en este tiempo aprendiste. Sólo tú conoces los mecanismos que te llevaron a comprar sin control, por tanto, sólo tú podrás identificarlos y vencerlos. No creo que tengas problema alguno con reestablecer tu crédito, y si ése fuera el caso, por supuesto que nosotros vamos a ayudarte».

Nos dimos un fuerte abrazo y salí de CCCS pidiéndole al cielo que en verdad fuera aquella la última vez en que iba al sitio como deudora.

En el largo camino de regreso a mi casa, manejé llorando sin saber a ciencia cierta por qué. ¿Tristeza por despedirme de quienes marcharon a mi lado durante tantos años reconstruyendo mi vida financiera? Sí, en parte era eso, pero en parte también era el miedo a volverme a enfrentar con el mundo del consumismo que estaba listo para volver a comerme al menor resbalón. De cualquier forma, la odisea había terminado y mi primer impulso fue: ¡Bravo por mí! ¡Y ahora a festejar! Pero no lo hice. Lo tomé como un día más, ya que me había ido preparando para volver a empezar.

EL PODER DE UNO ESTÁ EN HACER ALGO . . .

Siempre lo he creído. Hay que hacer cualquier cosa. Pero en mi nueva vida, no "era cualquier cosa", tendría que hacer muchas cosas. La primera: tener terror de aceptar una sola solicitud de tarjeta de crédito. ¡Ni una más! Con los días comencé a poner en práctica mis técnicas de defensa personal. Parecía una conjura perfectamente orquestada, porque apenas los acreedores recibieron la señal de que había una compulsiva regenerada en el mundo, comenzaron a atacarme. Tarjetas con garantía, sin garantía, con mi foto, sin ella, y hasta con paisajes que alegrarían mi cartera. ¡Sentí náusea por primera vez debido al asedio al que me encontraba expuesta!

Mis tijeras comenzaron a funcionar diariamente, al grado que las cambié por un aparato de los que destruyen documentos para evitar caer víctima de quienes roban de la basura la información confidencial.

¿Resultó fácil volver a adaptarme al mundo real? La respuesta es no. Cada mañana estaba el peligro real de la tentación. Pero yo decidí poner mis cinco sentidos en practicar lo que había aprendido con la vergüenza del mal uso que un día le di a mis veintidós tarjetas de crédito.

DESTERRANDO CULPAS

El mayor reto al que tendría que seguir enfrentándome se llamaba María Antonieta Collins y su llamado "factor Coatzacoalcos" de carencias anteriores, que podría despertar en cualquier momento. La humilde vivienda del barrio de Allende en Coatzacoalcos tendría que quedar reducida al mero recuerdo y a lo que nunca más podría vivir, pero esta vez con las bases que me permitieran realmente afincar mi futuro. Ese día decidí que tendría que convertirse en mi mejor lección. Busqué una fotografía donde se ve tal cual y la coloqué en mi escritorio, para que, como dije en el primer capítulo, estuviera ahí recordándome de dónde vine y a dónde quiero llegar, y sobre todo, que soy más fuerte que quienes quieran hacerme daño. Sólo así pudo descansar en santa paz esa parte del "factor Coatzacoalcos".

Pero había otra cosa que se debía mandar al pasado: dejar de culpar a mis padres por no haberme enseñado a organizar mi vida financiera. Cuando en su momento alguien me preguntaba por qué mis papás no me enseñaron el hábito del ahorro, la planeación, el guardar para la vejez, tuve que responderles primero, con vergüenza, que no lo hicieron porque ellos tampoco sabían cómo hacerlo con su propia vida. Después, con terapia, tiré a la basura esa vergüenza, entendiendo que al fin y al cabo aquello no fue culpa mía, y quizá tampoco de ellos.

En los años cincuenta y sesenta en Coatzacoalcos, que alguien les hubiera hablado de que tendrían que inculcar todo eso a sus hijos en forma práctica les hubiera parecido simplemente un viaje a la luna, cuando tenían que librar diariamente la batalla por mantener a sus cinco hijos. Imagino a mi pobre papá diciendo, como lo hace hasta el día de hoy, alguna de sus frases célebres que me taladraron el subconsciente: «Hay que gastar lo que uno tiene, porque lo comido y festejado nadie te lo quita».

Ésas eran sus premisas y ni modo, esas fueron las que me tocaron. Por tanto, con los años y los tropiezos aprendí que . . . ¿okay? Nadie me enseñó y esa no fue mi culpa, pero a partir del momento de mi liberación del programa de manejo de deudas, de aquel junio del año 2000, la responsabilidad de mis actos caería exclusivamente en mí, sin excusa ni pretexto alguno.

La psicóloga Belisa Lozano–Vranich coautora del libro *Las Siete Creencias,* asegura que mi mecanismo de defensa funcionó correctamente al hacerme pensar de forma positiva, evitando otras consecuencias.

«A lo largo de los años he encontrado en mi práctica la manera de lidiar con dos tipos de pacientes totalmente opuestos. En realidad, en cuanto identifico que se sienten víctimas fatalistas, es decir, los que van a buscar ayuda psicológica sólo porque alguien se los recomendó, no porque ellos realmente lo quieran, sé que estoy casi segura de que ahí no hay solución. Si el paciente repite constantemente que lo suyo no tiene remedio, hablo con ellos muy claro y luego de analizar la situación, generalmente no tomo su caso porque esos pacientes llegan a la consulta sólo a ventilar sus problemas, a hablar de lo mal que se sienten y de lo desgraciados que son, pero no están dispuestos a tomar alguna decisión. Aunque desahogarse es importante, es mucho más importante tomarlo como el paso anterior a establecer una meta, como la antesala a hacer un plan de cambio definitivo. Una persona que se siente víctima nunca llega a esta etapa en una terapia porque prefiere, con todo y lo mal que se sienta, con todo y lo consciente que esté de sus problemas, seguir siendo víctima y no enfrentar el reto del cambio. Por eso, honestamente les digo que no gasten dinero en terapias, porque lo importante es hacer las cosas, y generalmente, así se van. Los que se quedan son los que realmente van a luchar con todas sus armas contra sus errores del pasado para enmendarlos. Y en un cien por ciento, todos estos pacientes lo logran.

«La diferencia que te salvó en el momento más grave de ser compradora compulsiva, es que decidiste no ser VÍCTIMA. Uno demarca a la gente de forma muy específica: Hay gente que toma responsabilidad y hay gente que decide ser víctima. La víctima dice: "Yo soy así por lo que me ha pasado en la vida, porque mis padres fueron culpables y no puedo cambiar. Así soy". Entonces ese paciente se convierte en un desastre. Sin embargo, hay otro tipo de gente: la que toma responsabilidad y dice, "Bueno, esto me pasó, fue difícil, horrible y triste y no quiero estar así, quiero mejorar". Ése fue tu caso».

Con todas esas medallas de honor en la boleta de calificaciones de mi vida, continué entonces con mis propósitos de enmienda: ahorrar, controlarme y aceptar hablar del tema que sigue siendo tabú: cuánto debes y qué estás haciendo para pagarlo, y hablar de eso cuantas veces fuera necesario para ayudar a otros.

Quería gritar al mundo lo feliz que estaba, lo orgullosa que me sentía de mí, que había vencido a mi Goliath interior. Y lo hice. Pero me faltó una persona, mejor dicho *"la"* persona que fue importantísima en mi cambio: Simon Ehrlich, mi camarógrafo de tantos años, que para entonces ya se había marchado de Univision para vivir en Israel con su familia, incluida su perra Xuxa. Con un dejo de tristeza, porque seguramente hubiera gozado el momento, no pude localizarlo para contarle el episodio final de la telenovela. Me tuve que conformar con imaginarme lo que en ese momento me hubiera dicho: «Collins . . . *¡You are too much!*»

¿Sabe cuándo le llegó finalmente el mensaje? El día y en el lugar menos indicado para hacerlo: en Nueva York, tres días después del fatídico 11 de septiembre de 2001. Simon, quien había regresado a vivir a los Estados Unidos (con su familia, incluida su perra Xuxa), trabajaba en la cadena Telemundo y se encontraba cubriendo la tragedia. Cuando nos encontramos en medio de aquella devastación y tuvimos un breve respiro para hablar de otra cosa que no fuera la tragedia, le conté a grandes rasgos que ya era una mujer libre, financieramente hablando. Le di las gracias y le dije que así como me acompañó a entregar mi auto en la agencia y me aconsejó en aquellos años de pesadilla, así hubiera querido que me acompañara a entregar el último pago de mi deuda. No hubo tiempo para mucho. En ese momento lo llamaron para partir y salió corriendo, no sin antes gritarme a todo pulmón en su *spanglish*: «¡Collins! . . . *¡You are too much!* ¡Y no lo olvides!»

PARA RECORDAR:

- No hay mal que dure cien años y el suyo tampoco. Aguante y verá el triunfo.
- Decida su cambio sin hacerse la víctima. ¡No olvide que tratándose de compulsiones, ninguna víctima gana!
- Busque ayuda con un profesional.
- Conozca los "puntos de no retorno" en su vida y EVÍTELOS a toda costa.
- Destierre culpas. Perdone los episodios del pasado donde otros, directa o indirectamente, intervinieron negativamente en su vida.
- Recuerde que, como todo en la vida, lo importante ante un problema es hacer algo, cualquier cosa . . . ¡Pero hacer algo!

Capítulo 14

AMORES QUE MATAN

A partir de mi liberación financiera decidí no dejarme amedrentar por el mundo que nos dice «a comprar, a comprar». Cada mañana, al salir de casa, me imaginaba como pirata con el cuchillo en la boca, lista para saltar sobre quien intentara volverme a meter en los gastos sin control. Y ahí comencé con mi gran "cruzada", armada cual caballero de la mesa redonda del rey Arturo.

Recuerdo la primera misión que libré. Andaba por una gran tienda por departamentos de Miami. Había una súper venta y llegué por algunas cosas que necesitaba. ¿Qué sucedió? Lo que diariamente se repite por todos los Estados Unidos: la presión de que le ofrezcan una tarjeta de crédito. Me sucedió frente a la caja registradora, donde dulcemente la empleada se empeñó en hacer el mejor de los trabajos para atraer a otra más al inframundo de los deudores.

«¿Va a pagar con nuestra tarjeta de crédito?», me preguntó solícita. Y mi respuesta fue automática: «Fíjese que no, porque no la tengo». De inmediato, y perfectamente asesorada, me ofreció "abrir una cuenta instantánea", que tomaría sólo minutos con una llamada telefónica y con la que instantáneamente también, tendría el súper descuento en aquella mismísima primera compra. Muy seria le di un "no" rotundo, pero ella no se desalentó y sin saber a quien tenía al frente, siguió con el discurso aprendido: «Qué pena, porque, de lo contrario, no podemos darle el descuento que es para los clientes que paguen nuestra tarjeta».

¿Quiere que le diga qué hice? Respiré profundo, y como lo haría Hulk, aquel personaje de las caricaturas, el que poco a poco se ponía verde de la rabia para defenderse con fuerza ante una injusticia, así me fui poniendo yo ante el embate aquel contra mi lastimada humanidad. Como aquella dependienta no era culpable de lo que hacía, decidí convertirme en émula de la madre Teresa de Calcuta para tratar de convencerla de las maldades de ese reino de plástico que ella estaba ofreciendo en forma fácil y atractiva. «Por favor, yo sé que a usted la obligan a cumplir con la oferta de la tarjeta, pero no lo haga. Eso es terrible porque no sabe lo que eso provoca en la economía de personas que no están preparadas para tener una». La mujer aquella abrió los ojos como si estuviera viendo a un monstruo extraño, y más boquiabierta la dejé cuando le expliqué todas las consecuencias de esas "tarjetas instantáneas".

En la mayoría de los casos —y lo digo de corazón—, en la mayoría de las ocasiones, como aquel día, la dependienta en cuestión me dice «Tiene usted razón, yo sé que eso es algo malo, pero aquí tenemos que hacer la oferta». Es el preciso momento del sermón para decirle, «Sepa usted que la tarjeta que está ofreciendo, en primer lugar no la da esta tienda, sino una compañía financiera, generalmente localizada en Canton, Ohio, (sabrá Dios por qué, pero casi todas se encuentran ahí o en Wilmington), y lo que están haciendo es utilizarlas a ustedes para atraparnos a nosotros los consumidores en el mundo del consumismo».

Total, que casi todas las veces la letanía funciona, aunque yo termino pidiéndoles disculpas al confesarles que reacciono de esa manera porque soy una compradora compulsiva en recuperación, y por tanto, que me ofrezcan "las perlas de la virgen" en forma "fácil e instantánea", sólo mina la fuerza de voluntad de alguien que ha sufrido para salir del problema.

Para que me entienda mejor, mi lucha sin cuartel hasta este día y los años que vengan es porque cada vez que la escena se repite es como si le ofrecieran un trago a un alcohólico que recién ha salido de una clínica de desintoxicación. Así como me pondría si presenciara semejante escena, así me sucede con la tentación a las tarjetas. Hay que entender que situaciones como ésas nos colocan en el filo de la navaja que nos envía directamente al precipicio. Cuando le hagan la oferta de la que le estoy hablando, ayúdese y ayude a otros respondiendo sin pena, «No, gracias». Como le van a insistir, tenga listo el consejo de los expertos y dígalo con voz fuerte para que otros a su alrededor lo escuchen: pregunte a cuánto asciende el interés que cobrará la tarjeta. Sólo así podrá enterarse de dos verdades ocultas. Una, que le dan un interés bajísimo e increíble, y de inmediato usted acepta. El problema es que en ese momento, nadie le aclara que ese bajísimo interés . . . es sólo por tres o seis meses, como una promoción, y que después subirá. Lo segundo, es que usualmente ese tipo de tarjetas de crédito vienen con un interés de más de 20 por ciento, y que tampoco nadie se lo explica.

De acuerdo a los expertos de la National Foundation of Credit Counseling, en la instancia de aceptar una tarjeta de crédito es mejor que ésta sea hecha por un banco, porque siempre tendrá mejores intereses que los que ofrecen las compañías financieras a través de los almacenes por departamento o un sinfín de tiendas. Hágale saber esto a quien le ofrece una "rapidísima tarjeta", pues con eso, al ver que usted conoce del tema, "rapidito" se acaba la insistencia.

OTROS AMORES QUE MATAN
FINANCIERAMENTE

Cuando pensé en este capítulo, el título surgió fácilmente: aquí tendrían que aparecer los amores que matan con sólo comprar, y por eso decidí nombrarlo así, porque al igual que sucede en una relación amorosa, las variantes de estos amores que matan financieramente son cada día infinitas y van de lo serio a la risa.

En un capítulo anterior le hablé de Fernán Martínez, *manager* de Julio Iglesias y esposo de la reportera Paola Gutiérrez del programa *Despierta América,* de Univision. Ahora vuelvo a retomar su caso porque, además de que ambos son simpatiquísimos, con un gran sentido del humor han logrado dar el toque de risa a sus compulsiones por comprar. Paola, una mujer joven, bonita, madre de dos niñas, que siempre anda vestida a la última moda con accesorios preciosos, es a la vez una compradora irredenta. Siempre me llamó la atención cómo hacía para esconder sus compras de un marido tan conocedor, algo que supe no de boca de ella, sino del mismo Fernán: utiliza todos los recursos habidos y por haber.

«Antes, Paola iba de compras a los *malls* y por supuesto yo me vivía peleando. Un fin de semana llega y la veo sentadita en la computadora, escribe y escribe. De inmediato, al darme cuenta de que era sábado, me dio ternura porque pensaba que era por lo mucho que tenía que trabajar; seguramente estaba preparando algún reportaje especial, porque ya ni de comprar se acordaba. Viví con esa ilusión un par de días hasta el momento en que llegué más temprano a casa y casi me mato al tropezar con todos los paquetes que habían llegado por correo y que estaban en la puerta . . . Mi mujer pasaba horas en la computadora, sí, pero no trabajando . . . ¡sino comprando por la Internet!»

COMPRAR CON SÓLO UNA TECLA

La Internet. Otra gran promotora del consumismo, que simplemente nos ha puesto al alcance de un teclado cibernético, el mayor almacén del mundo, el que usted quiera, y dentro de nuestra casa. ¿Alguien duda de que, como ciertos amores, sea otra atracción fatal? Esas compras son más complicadas de lo que pensamos y sobre todo más costosas por los gastos de envío que involucran, especialmente en los renglones de ropa, zapatos y muebles.

SUBASTAS POR INTERNET

¿Y que me dice de las apuestas por computadora? ¿Quién las ha condenado? ¡Nadie! Si son la versión moderna de comprar al menor precio . . . , pero a la vez, significan todo un "gancho" que nos empuja hacia un hábito que se convierte en círculo vicioso sin darnos cuenta. Personalmente, comencé por saciar mi sueño infantil truncado de recuperar una casa de muñecas que tuve a los siete años y me suscribí al sitio más famoso en el mundo para poder participar. Fue muy emocionante comprar mi primera casa de muñecas, que resultó ser exactamente igual a la que tuve de niña y que se perdió con los años. ¡Con solo un teclazo recuperé el eslabón perdido de mis recuerdos en el "factor Coatzacoalcos"! Hasta ahí fue algo reconfortante y bonito. El problema vino cuando, sin darme cuenta, comencé a desarrollar una adicción a comprar apostando en aquellas subastas, y resulté con diez casas de muñecas con variedad de estilos y colores. Las cosas se complicaron porque tuve que gastar más de lo planeado en conseguir los muebles para exhibir mis "tesoros" de la infancia, los mismos que en un abrir y cerrar de ojos convirtieron en urbanización al comedor, la sala y una recámara de la casa.

Alex Bosschaerts, productor de la edición nocturna del *No-*

ticiero Univision Fin de Semana y quien me introdujera en este mundo de compras cibernéticas, me había advertido de los peligros de comprar en subasta, pero no le hice caso. «Te lo dije. Se llega uno a meter en tantas apuestas al mismo tiempo que no te das cuenta de que te están sucediendo cosas peligrosas. Por una parte, comprar así es algo similar a estar en un casino. A través de la computadora el amor propio te empuja para no dejarte ganar por otro que tenga más dinero que tú y que te quite ese objeto que quieres tener. Y la otra situación, quizá la más dañina, es que apuestas, ganas la subasta y sigues apostando y terminas perdiendo la noción del dinero que has gastado».

Lo que Alex Bosschaerts no me advirtió fue que había "otras" consecuencias escondidas. Sin darse cuenta, uno comienza a pasar más y más tiempo metido en los portales de subastas. Primero, buscando los artículos que has deseado y que son raros, después apostando y programando tu computadora de forma que si el tiempo de la subasta vence y no puedes estar presente, entonces la computadora te suplanta hasta el límite que le marcaste para jugar. Al margen de la futurística medida, comencé a desarrollar una especie de ansiedad que descubrí al hurgar en mi interior. ¿Qué me sucedía que manejaba a toda prisa para llegar a la casa? Me di cuenta de que no era porque me estuviera esperando el marido o las hijas, ¡sino para ver si había sido la afortunada ganadora de las subastas donde me metía!, y eso fue la gota que derramó mi vaso.

Afortunadamente, supe poner un alto a mis incursiones de compras cibernéticas antes de que estas se convirtieran en mi pesadilla. Pero la lección es la misma para quienes padecemos cualquier tipo de compulsión: NUNCA SEREMOS lo suficientemente fuertes para evitarlas, a menos que, con sentido común y amigos, aprendamos a decir, «Noooooo».

Alex, mi productor, quien solito decidió que lo adoptara como "hijo periodístico" al ver el problema en el que estaba metida su "madre" televisiva, me hizo entrar rápidamente en razón. Revisó mis compras en el súper famoso portal de las apuestas, donde, afortunadamente, la computadora lleva el record de lo que se paga en cada subasta. Sólo así me di cuenta de que comprando diez dólares por acá y veinte por allá las cosas habían escalado riesgosamente.

Su sentido común y amplia experiencia en el proceso no había sido gratis. Aficionado a las cámaras fotográficas, Boesscharts me confesó que, encantado, compró la primera por treinta y cinco dólares . . . y que sin darse cuenta y en corto plazo, había comprado ¡cincuenta cámaras más! Cin–cuen–ta.

«La adicción comienza en este tipo de compras, y por darse la pequeña satisfacción o por estar compitiendo con los demás y decir, "Me los fregué a todos, que caray", y después es como haberse sacado el tigre de una rifa . . . "¡Sí, me lo gané! . . . y ahora ¿quién le da de comer al tigre?" Entonces, lo mejor es simplemente evitar entrar a las subastas, o si lo hace, entonces controlarse al hacer apuestas. Ponerse un límite. Hacer lo que hace el jugador controlado al entrar en un casino: éste nunca lleva tarjetas de crédito, sólo el dinero que va a perder y nada más. Así hago cuando entro en el portal de las subastas por Internet. Tengo un límite mensual de un máximo de cien dólares por mes. A veces los gasto porque es mi pequeño gusto, pero sé que de ahí no debo pasar. Y no paso. Algo igualmente importante: compre sólo el artículo que le gusta. No se ponga a matar el tiempo navegando en todas las categorías con miles de artículos porque eso, para un comprador compulsivo, sin lugar a dudas será el fin».

MANIPULANDO LO QUE COMPRAS: EL OTRO AMOR FATAL

Creerse libre de la compulsión que lleva al desastre financiero no significa dejar de comprar. Por el contrario, queda el otro gran pretexto en el cerebro que, sin embargo, termina en lo mismo: hacernos comprar.

Estando todavía en el programa de manejo de deudas, me di cuenta de que no podía seguir gastando en los almacenes carísimos que me encantaban. ¿Y que hice? ¿Adiós Neiman–Marcus, Saks? ¿Acaso dejé de comprar del todo? Siento informarle que no. Que no sólo no dejé de comprar, sino que por el contrario, comencé inconscientemente a manipular mis compras. Fue como decir ¡Bienvenidos K–mart, Wal–Mart, Target, Ross y Marshalls, lo mismo que hacen muchas amigas mías que no lo confiesan, pero que ahí encuentran cosas buenísimas a precios increíblemente rebajados y que con la mayor calma dicen: «¿Dónde dices que compraste eso? No sé como no te da pena que te vean».

«¿Pena? —les respondo— ¿A mí por qué me va a dar pena? Si esos son los sitios para comprar en forma inteligente». Volviendo a ese tipo de compras, lo único que tienen de malo y que puede dar vergüenza es que estaban escondiendo entre su mercancía al otro enemigo que me estaba atacando como un amor que mata. El psiquiatra Jorge Petit reconoció de inmediato mis síntomas.

«Uno racionaliza la adicción y eso es lo que estabas haciendo. Es pensar y hacer físicamente esto: "No entro en Saks, pero me voy a K–mart". Esa acción es lo mismo. Solamente que comprando más barato tenemos una excusa que nos libra de la culpa, es decir, bueno, gasté menos de lo que hubiera hecho en otro tiempo, ahora en vez de mil dólares en una sola compra, sólo me he gastado doscientos. Sí, pero es dinero. Y un dinero que tendrá que pagarse a fin de mes. Y la compulsión va escalando. Porque quizá, efectivamente, en otro tiempo gastabas en pocas cosas mil dólares, y ahora con muchísimas cosas sólo doscientos, lo que significa que la compulsión te hizo llevar más artículos con el paliativo de que costaron menos, por lo tanto el problema se vuelve a hacer presente: comprar sin control».

Petit repite constantemente el salvoconducto de quienes somos compradores compulsivos. De inmediato vivimos un cuadro de angustia:

«Uno sabe que las consecuencias son negativas y lo sabe siempre, pero la necesidad psicológica inconsciente es tan fuerte que uno pierde el control. Esa angustia es el resultado de saber que estoy haciendo algo erróneo, es la indicación de que hay un gran problema. Pienso que para los compradores compulsivos es un espectro general con el mismo monstruo: en cualquier adicción hay un punto en el cual uno cruza el límite y nada más. Por tanto el paciente requiere de un enfoque profesional que haga conciencia de que en un momento, de cien dólares o de cinco dólares, comprar y firmar es igual a no poder pagar porque has gastado lo que no tienes».

Por eso, como ocurre con los buenos amores que matan, o la relación con alguien a quien hemos amado pero que nos ha traicionado, reflexione en lo que quiere para su vida futura. ¿Seguir con la angustia que produce comprar descontroladamente a cambio de unas horas de placer? O, en una actitud de madurez, encontrar a tiempo las señales que manden al infierno a la tentación que un día estuvo a punto de costarnos la vida. Juzgue, y decida . . . es su turno.

PARA RECORDAR:

- Sepa cuáles son sus "amores que matan".
- No ceda a la presión de tener rápidamente una tarjeta de crédito de las que dicen que son al instante. Diga «Noooo- ooooo».
- Explique a quien le ofrece una tarjeta por qué usted no puede aceptarla y el daño que hace este tipo de compras.
- Investigue el interés que tendría que pagar.

Continúa en la siguiente página.

- Si compra por la Internet, asegúrese de tener un presupuesto que respetar y no se salga de él.
- Tenga presente que las compras por Internet significan tiendas que venden artículos, y que también tendrán que pagarse.
- Las subastas por la Internet son como estar apostando en un casino de Las Vegas.
- Si va a comprar por la red cibernética, no navegue en todas las categorías para "matar el tiempo". Eso, en un comprador compulsivo, significa la muerte . . . pero de su bolsillo.
- Entienda que los compradores compulsivos esconden su enfermedad con mil pretextos; sepa cuándo está comprando por compulsión y sin control.
- No se equivoque. Si en lugar de comprar en sitios caros lo hace en lugares baratos y de forma desordenada, eso significa lo mismo: compulsión por comprar.

Capítulo 15

CONTRA VIENTO Y MAREA

Mi marido dice que la nuestra es "La casa de los trucos" parafraseando el famoso establecimiento que en la Habana vendía todo tipo de artículos de magia.

«¿Y de qué otra forma puedo llamarla —dice Fabio—, si no pasa una semana sin que me de cuenta de que hay algo nuevo por cualquier parte de la casa? Lo más curioso es que siempre que te pregunto, "¿Y esto? ¿Cuándo lo compraste?", tus respuestas me dejan pasmado: "No lo compré, ¿qué crees? Es que lo tenía guardado en el *garage* y se me había olvidado . . . pero ya lo encontré y mira qué bonito se ve". Ésa es la razón por la cual le he dado el nombre de "La casa de los trucos", porque seguramente hay un mago escondido que, de la nada, hace aparecer las cosas más increíbles».

Me muero de la risa cada vez que lo escucho con el mismo cuento, pero tengo que darle la razón porque, sea como fuere, que encuentre tanta maravilla que escondo es parte de una lucha que he librado contra viento y marea. El problema de mi marido era que creía ser el único hombre en el mundo con una mujer compradora como yo. Por momentos, de tanto escuchar sus quejas, terminé pensando que quizá tenía razón. Le daba vueltas y vueltas al asunto: "Sí, soy compradora compulsiva por muchas razones. Compro para recompensarme, compro porque es un placer, compro por competir, pero al final me di cuenta de las otras poderosas razones por las que compramos y que no tienen nada que ver con un desbalance psicológico. Compramos por una serie de *amores que matan,* sí, pero también compramos por la estrategia de la MER–CA–DO–TEC–NIA.

Giselle Balido, directora de *Cristina, La Revista,* fue la segunda persona a quien confié el tema de este libro cuando lo estaba estructurando. Balido, veterana periodista de la prensa en español en los Estados Unidos, es además una ferviente lectora de todo tema de motivación y una investigadora incansable de los hilos que nos mueven a actuar en forma compulsiva ante la comida y las compras.

Esta introducción es para que vea que usted y yo no estamos solas cuando pensamos que el mundo del consumismo está confabulado para hacernos gastar y comprar. ¡POR–SU–PUES–TO–QUE–LO–ESTÁ!

¿Usted cree que es una coincidencia que cuando va al supermercado a comprar frijoles, termina comprando hasta la olla de presión para cocinarlos más rápido? Está equivocado.

EL ARTE DE VENDER

El mercado está planificado para que entremos en un sitio y nuestros ojos vean algo atractivo (que seguramente no necesitamos) pero que acabamos comprando compulsivamente porque nuestros ojos enviaron la señal correcta al cerebro, que, a su vez, desata ese *click* de la computadora mental . . . y lo demás ya usted sabe: compramos, firmamos y lloramos. Mejor dicho, a casa con otro artículo que, seguramente amontonaremos en algún lugar. Nada de esto lo he inventado, Giselle Balido se lo cuenta a su manera para que, por lo menos, si no nos hace caso, lo tenga en cuenta:

«Desde el mismo instante en que entras a un establecimiento comercial, tu mirada y tu atención son dirigidas no hacia donde tú quieres ver, sino hacia donde el departamento de mercadeo quiere que lo hagas. El supermercado es el primero en entrar en la lista. Toda la vida hay empleados moviendo y volviendo a colocar montañas de latas, frascos, comida. ¿Sabe qué están haciendo? Colocan los productos de una manera estratégica, con un sólo fin: que los clientes tengamos que recorrer el lugar de punta a cabo. Y nos volvemos locos o simplemente podemos pensar que caminar entre aquellas inmensas hileras de anaqueles es la dosis diaria de ejercicio que tenemos que hacer para no perder la silueta, porque la leche está en el extremo opuesto de donde se encuentra el pan. El café no está cerca del azúcar. Los productos más caros están en línea a la altura de tus ojos, por lo que son los primeros que encontramos y tomamos, mientras que los más baratos están pegados al piso».

Giselle acostumbra verificar las observaciones del consumismo que la impactan. Ha encontrado, por ejemplo, que el cereal que cuesta más barato, el que incluso no viene en caja, sino en bolsas de plástico, es el que se encuentra en el fondo. Haga memoria y verá que lo que dice Giselle Balido es cierto. ¿Cuántas veces tomamos la lata de puré de tomate más cara sólo porque vamos de prisa y no revisamos lo que hay más abajo y fuera del alcance de la vista? Eso no es todo, según la directora de *Cristina, La Revista:*

LOS ANUNCIOS, CERTEROS PROYECTILES

«Otro factor que nos impulsa a comprar son los avisos comerciales que no sólo seducen, sino que a veces hasta nos crean falsas necesidades que debemos llenar para no sentirnos inadecuados. El ejemplo más sencillo de esto es la forma en que un anuncio te convence de que no puedes vivir sin un teléfono celular que tome fotos, o sin unos *jeans* de tal o cual marca. Las empresas gastan millones de dólares en anuncios sofisticadísimos, tanto materialmente en su presentación, como psicológicamente, de manera que al observarlos, no te das cuenta de que te están manipulando. Y tenlo por seguro que no invierten millones en algo que no produzca. Por ejemplo, cierta marca de mantequilla de maní asegura que las madres más exigentes y preocupadas por el bienestar de sus hijos la compran. O sea, que si no compras esa marca, ¿no eres una madre así de exigente y preocupada? Dicho así, de frente, parece demasiado evidente y no le prestas atención, pero cuando ves el mensaje en la televisión o lo lees en una revista, tus defensas psicológicas están bajas, estás receptiva . . . y estos mensajes insidiosos "vuelan por debajo del radar" que hay en nuestra mente y que por tanto no puede detectarlos como malos para deshecharlos».

Totalmente de acuerdo con sus planteamientos, pensé en lo subliminal y directo de los anuncios, comenzando con los de las tarjetas de crédito: ésas sí son una ma–ra–vi–lla. Unas hablan de cómo las cosas sencillas de la vida cuestan poco . . . y sin una sola palabra nos muestran cómo esas cosas se pueden pagar precisamente con la tarjeta del anuncio. Dan ganas de salir corriendo a donde las dan para pedir tantas como puedan darnos. ¿Y dónde estamos nosotros en ese momento? Descansando y viendo la televisión luego de un largo día y, por tanto, en el momento más sensible donde el mensaje llega duro y directo al cerebro.

DIRECTO AL SENTIMIENTO, NO A LA NECESIDAD

Suena duro, pero los mensajes están diseñados para apelar a las emociones, no a la lógica. Una crema antiarrugas no te está diciendo científicamente cómo te va a ayudar a regenerar tu piel, sino cómo te va a ayudar a recuperar la juventud que has perdido con los años. Probablemente eso en una mujer que ha perdido el romance le aliente a tener ilusiones en su vida. Basta ver el texto de cualquier anuncio de cosméticos para comprobar que está dirigido a los complejos que tenemos guardados, no al beneficio.

¿Y qué me dice de los comerciales para los automóviles? Siempre asociados con algo *sexy* o con juventud, aventura o con el arte de ser exigente. Para venderlos, los relacionan con el *glamour,* minimizando las características de su funcionamiento. ¿Entonces? Está claro. Los anuncios apelan a la vanidad y explotan los complejos. Y les resulta.

Los estudios que se han hecho para entender la complejidad de la mercadotecnia han arrojado datos increíbles: en las mujeres, el maquillaje es el artículo que más se compra por compulsión. Este producto rara vez se encuentra en rebaja. ¿Sabe por qué? Pues, por una razón de estrategia: la mujer no quiere pensar que hay cosas que son importantísimas para su cara y que se venden en oferta. «En mi cara no van cosas baratas, ¡qué va!» Y esa es la premisa que utiliza la mercadotecnia.

Está bien, habrá gente que diga: yo soy inmune a eso, no creo en los comerciales. Qué bueno, pero la mayoría piensa diferente. No me diga que si un famoso atleta sale en un comercial, refresco en mano, a usted no le dan ganas de comprar la bebida. Eso mismo le sucede al resto de los consumidores y se traduce en que el anuncio funciona. Las ventas se disparan y la inversión millonaria que se hizo en la publicidad resulta productiva. Pero los anuncios no son lo único que nos empuja al vicio de comprar: si creyó que había escuchado todo aún le quedan algunas cosas más por saber . . . y estas comienzan bien temprano en la vida.

LA CULTURA DEL *SHOPPING*

No tuve conciencia de lo que sucedía hasta que mis hijas dejaron de ser niñas. Corrijo la afirmación. No tuve conciencia de que mis hijas habían dejado de ser niñas hasta que sus salidas con amiguitas y amiguitos no lo fueron más al parque, al cine o a comidas familiares, sino al sitio de moda, hace ya un par de décadas: los *shopping centers,* centros comerciales, *malls* o como quiera llamarlos.

Ése es el verdadero centro de la vida de nuestros hijos, y de paso de la nuestra como padres. Reflexione si no es cierto que los *malls* son precisamente el sitio donde todos los días, la policía encargada de vigilar que los alumnos no falten a clase en las escuelas públicas, van en busca de quien decidió, en lugar de estudiar, buscar una aventura matutina.

No hay familiar de un adolescente en los Estados Unidos que ignore lo que es la agobiante tarea de llevar muchachos y muchachas, dejarlos y recogerlos de sus citas con los amigos en tal o cual *mall.*

Todavía recuerdo, como si se tratara de una meta alcanzada, el día en que por primera vez fui a dejar en uno de ellos a Adrianna, mi hija mayor, con sus amigas, así como el día en que Antonietta, la menor, hizo lo mismo con las suyas. "Ya no tengo bebé", me dije con nostalgia al verla perderse entre aquellas hordas de jóvenes que hacían todos lo mismo. A partir de ahí, mi vida se convirtió durante unos cuantos años en una rutina. Cada domingo por la tarde ir al *shopping center* de moda en Miami más bien parecía la reunión obligatoria de aquellos padres de familia que nos conocíamos desde siempre en la escuela, y que estábamos haciendo exactamente lo mismo: recogiendo a nuestros hijos luego de un día en su diversión favorita y una de las nuevas costumbres de la sociedad norteamericana.

El *mall* dicta la moda y la actitud entre ellos y nos marca pautas a nosotros como padres. Sabes que los hijos comienzan a independizarse cuando dejan de salir contigo a todas partes y en lugar de eso, prefieren estar con sus amistades en el *mall*. Por lo menos están seguros —nos repetimos—, por lo menos ahí no hay el peligro de las calles o los parques, muchos de ellos con depredadores sexuales o pandilleros merodeando. No, en el *mall* están a la vista de muchos porque en esos lugares abunda la vigilancia. En ese aspecto, la afirmación es más o menos cierta.

Lo que sucede es que no imaginamos que, si bien están protegidos de muchas cosas, quedan sin embargo a merced de algo que les inyecta, sin darse cuenta, la adicción a las compras, y el consumismo se exacerba al estar en contacto con todas esas tiendas maravillosas que hay en los *malls,* algo que hace notar Giselle Balido.

«Para comenzar, el *mall* es un mundo aparte, un lugar creado para la fantasía, donde puedes literalmente pasar el día entero sin sentirlo (con la excepción de tu bolsillo). Allí no verás relojes pues, de hecho, el centro comercial está diseñado específicamente para desorientar y retener a la persona el mayor tiempo posible. En un estudio que cita el autor Paco Underhill en el libro *Call of the Mall,* queda claro que en esta época ya no existen sitios para congregarse como lo eran las plazas de los pueblos. El *mall* es la plaza moderna donde se pasea y se ve lo que otros jóvenes usan, tal y como lo hacíamos los padres y los abuelos. Según Underhill, los *malls* del futuro tendrán hasta juegos mecánicos incluidos, para que todo sea como un circo gigantesco. La idea será pasar todo el día ahí. Que comas, que vayas al cine. ¿Y cuál es el peligro escondido? Que termine reemplazando la vida social con el hábito de consumir. En el parque te reunías con los amigos, ahora te reúnes a consumir».

Ahí está el primer encuentro de una mente que no conoce la palabra *consumismo,* a una edad donde todo queda guardado en el disco duro de la mente. ¿Qué hacer? Nada. Como tal, las cosas se han decidido por otros factores y ésa es la evolución de la sociedad. Como padres, lo único que nos queda es recapacitar y observar para encontrar el equilibrio perfecto. Me dio nostalgia conocer estos detalles y sentí pena porque mis hijas, a quienes siempre que les hablo de cómo fue mi juventud me responden con un, "Híjole, jefa . . . , y ¿como le hiciste?"

Ellas y millones más con esta cultura del *mall* nunca sabrán lo bonito de ir al parque del pueblo luego de la misa dominical a encontrarse con el muchacho que les gusta; no conocen de lo rico de tomar los "raspados" o "granizados" de hielo con jarabe de frutas picadas, o, como en mi caso, no sabrán tampoco de lo sabroso de aquellas hamburguesas del parque de Coatzacoalcos, ni a qué suena la marimba, tal y como se toca los fines de semana en los portales de Veracruz. Lo suyo, como lo de millones de jóvenes, es tener todo lo que produce un país tan grande y tan rico como los Estados Unidos, aunque en el fondo, en verdad, no les queden muchos recuerdos de lo grato de haber pasado su juventud dentro de un *mall*. El colofón de lo que aprendí sobre la comercialización que nos hace comprar sin importar nada, se resume en lo que sucedió a un importante periodista que me confió los detalles de la historia. Se trataba de una de las compañías de perfumería más famosas del mundo y que producía un perfume carísimo, el cual fue un éxito en el siglo pasado. En el 2003 decidieron revivir la fragancia. ¿Cómo lo harían? «A base de publicidad, que costará millones» le aclaró el dueño. Cuando mi amiga preguntó cómo podrían igualar los costos de producción y los de publicidad para que el perfume diera ganancias, el hombre simplemente le respondió: «¿Costos de producción? ¡Eso no vale nada! El perfume, incluido su botella de cristal, nos sale en poco más de cinco dólares. La publicidad es la que se lleva más de cien dólares por frasco. Y eso es lo que hace que vendamos y lo demás . . . es ganancia». ¿Hay alguna duda de lo que es la mercadotecnia y el vicio de comprar?

PARA RECORDAR:

- La mercadotecnia es la que le dice qué comprar, comenzando en el supermercado.
- Observe bien lo que lleva, que lo más barato nunca va a estar a la altura de la línea de sus ojos, donde usted puede descubrirlo fácilmente.
- La distribución de los productos en tiendas y supermercados está diseñada para que mientras más artículos vea, más quiera comprar.
- Los mensajes comerciales nos empujan a comprar, en base al sentimiento, no a la lógica.
- Cada anuncio está diseñado para que vuele "bajo el radar de nuestra mente", que no podrá desecharlo.
- Analice el contenido de cada mensaje que le impacte, sólo así podrá evitar que se instale en el disco duro de su cerebro, donde puede desencadenar la compulsión por comprar.
- Si sus hijos han llegado a la edad donde el *mall* es el centro de su vida social, hable con ellos y explíqueles el peligro subliminal que representan las tiendas y el consumismo.

Capítulo 16

CONTIGO . . .
¿PAN Y CEBOLLA?

Cristina Saralegui y Marcos Ávila han sido, durante años, la inspiración de quienes los conocemos. Como pareja, como padres, como amigos, son una combinación difícil de superar. Nadie que ha estado cerca de ellos podría entender al uno sin el otro. En principio, creo que ni ellos mismos lo entenderían. Trabajan juntos, crean juntos, y juntos, desde que decidieron estarlo, han marchado por la vida codo a codo. Si Cristina es la reina indiscutible de la televisión hispana de los Estados Unidos, la que a brazo partido luchó por lo que ella creía, sin lugar a dudas que el crédito de haber creado el entorno que le permitió llegar hasta ahí tiene un nombre masculino: Marcos Ávila.

Cuando a Cristina le preguntan la fórmula para el éxito de su matrimonio, nunca demora en darla: escoger bien a tu pareja. Alguien que no sea la persona correcta para ti, no sólo se convierte en la peor decisión, sino también en el más grande saboteador o saboteadora de tu vida. ¿Qué tiene que ver el tema de este libro con el de cómo escoger al hombre o a la mujer de la vida? ¡Muchísimo! Antes, las cosas eran "hasta que la muerte los separe". Ahora, "hasta que las deudas los separen".

EL AMOR SALE CUANDO LAS
DEUDAS ENTRAN

Eso lo repetía mi santa abuela doña Raquel, que en gloria esté, y quien era una filósofa de la vida. No sé qué habrá visto en un tiempo en el que no existían las compras sin control, las tarjetas de crédito, los cajeros automáticos, pero dijo una gran verdad. La pareja que se escoja debe tener las cualidades básicas que nos han repetido hasta el cansancio: sin vicios, trabajador, honrado. ¿Y nada más? Fíjese que no.

CÓMO CAMBIAN LOS TIEMPOS

Alrededor de los años cincuenta y sesenta, las madres se preocupaban porque las hijas no "huyeran con el novio". A principios de los setenta, que la hija saliera embarazada antes del matrimonio "quitaba el sueño", pero pronto llegó la liberación de la píldora anticonceptiva y ese miedo quedó en el olvido. Más tarde el terror era uno y generalizado: que si la hija estaba embarazada, el causante de "haber manchado el honor de la familia" reparara el daño casándose de inmediato. Para los ochenta y noventa el espectro del Sida y los casos de jóvenes que, sin saber, tuvieron sexo con personas contagiadas por la enfermedad y que fallecieron, atormentó a millones de madres . . . «Virgen Santa, protégemela de un novio que me la vaya a enfermar de Sida, por lo que más quieras!»

¿Y en el año 2000? ¿Además del peligro de la violencia doméstica o las drogas, queda algo más que nos quita el sueño? ¿Acaso ya hemos visto todo? Si contestó que sí, que ya lo ha visto todo, qué pena, pero se equivocó.

Los otros peligros, los de las compulsiones por comprar, las deudas por tarjetas de crédito, los de la bancarrota, los de un caos financiero de quien vaya a ser su pareja, también son para poner los "pelos de punta".

Las historias de horror de "príncipes y princesas de cuento de hadas" con desastres financieros son cada día más comunes. ¿Por qué? Por la misma facilidad con que cualquiera puede obtener crédito, comprar cosas y después no poder pagarlas, y también porque nadie habla de sus deudas o de su estado financiero, ni siquiera con la persona con la que va a contraer matrimonio o con quien va a vivir sin estar casados.

SIN "COLORÍN, COLORADO"

Eso mismo le sucedió a la hija de una amiga que me pidió guardar el anonimato y quien se divorció luego de una boda fastuosa y más de dos años de matrimonio, que la dejaron psicológicamente destrozada y financieramente también.

Durante el noviazgo habían sido lo más cercano a una pareja perfectamente bien llevada. Ambos jóvenes, con buenos empleos, ella con un porvenir brillante hasta que todo terminó en la forma en la que menos pensaron. Poco después del matrimonio, el marido comenzó a esconder los estados financieros que le llegaban, utilizaba el dinero de la cuenta de cheques común sin consultarle los gastos (y donde los fondos desaparecían como por arte de magia). Cuando la hija de mi amiga confrontó al marido, éste le confesó que todo se le iba en pagar el mínimo de casi veinte tarjetas de crédito que tenía desde antes de casarse, y de las que no quiso hablarle entonces. Los gastos de la boda (que por supuesto había cargado en otras tarjetas nuevas) simplemente lo habían colocado al borde de la quiebra . . . , pero seguía gastando. Comenzó un tratamiento psicológico, y prometió entrar a un programa de manejo de deudas, pero luego de unos meses lo abandonó.

La joven esposa no comprendía lo que sucedía, hasta el momento en que, luego de deudas y pleitos, éstos terminaron del todo con el matrimonio. Fue hasta tiempo después del divorcio cuando ella se dio cuenta del problema que esa relación le había provocado: le había dañado su crédito, antes impecable. Había ido al matrimonio pensando en aquello de "Contigo pan y cebolla" y sin imaginar lo que haría el marido. No se percató de que éste, utilizando sus datos personales, tales como su número de seguro social, había sacado tarjetas de crédito a nombre de ambos, utilizándolas, no pagándolas y créandole por consiguiente un mal crédito a ella. El hombre dejó de hacer los pagos del automóvil y éste le fue retirado con una terrible marca en su historia crediticia y, por si fuera poco, sin avisarle a ella, perdió la casa que juntos habían comprado y de la que él "juraba y perjuraba" estar al corriente en los pagos. No hubo dinero para salvarla, ya que a escondidas había sacado una segunda hipoteca, que por supuesto, tampoco pagó. Lo que ella ignoraba es que la historia de caos económico del marido había empezado en su juventud; desde entonces se había endeudado y con pagos retrasados o sin hacer, y esto le dio malas calificaciones crediticias mucho antes de que ellos siquiera se conocieran.

PAGANDO LAS CONSECUENCIAS

La única verdad es que durante siete años ella tuvo que lidiar con las consecuencias de un pésimo récord en las oficinas de crédito, por lo que le era casi imposible hasta alquilar un departamento, ya que las huellas del desastre financiero en el que se involucró con el matrimonio la persiguieron durante más de siete años.

¿Hay algo que hacer?, pregunté a la desesperada hija de mi amiga, quien cree que antes de aceptar vivir con una persona o aceptar un anillo de compromiso, tiene que conocer al "otro yo" con quien se piense casar:

«Crecí en una familia donde me inculcaron el matrimonio por amor, pero nunca imaginé que algún día iba a pensar tan diferente como lo hago hoy en base de lo que he sufrido. Ahora sé que el amor tiene que ver con la conveniencia o la estabilidad de una pareja, no sólo con que te quieran, tengan empleo o dinero o digan que son honestos. Si yo hubiera sabido esto, antes de dar el "sí", hubiera movido cielo, mar y tierra para investigar el pasado de mi pareja. Hoy, cada vez que me invitan a una boda y escucho la frase "hasta que la muerte los separe", pienso en lo que en realidad se convertirá aquello, si uno de los dos tiene malos hábitos financieros: "hasta que las deudas los separen".

Al igual que en el caso de la violencia doméstica, las drogas o el alcohol, negar que un sujeto compulsivo al comprar y sin estabilidad para manejar su vida económica es un problema, es cerrar los ojos a la realidad.

Por eso pienso que para los padres de jóvenes, sin importar si son hijos o hijas, el sexo en el siglo veintiuno, al margen de los otros peligros quedan de lado, y la recomendación principal es abrir bien los ojos al escoger a la pareja; de lo contrario, el cuento de hadas terminará mucho antes de que se liquiden las deudas de la boda y, por supuesto, sin aquello de que "vivieron felices y comieron perdices".

PARA RECORDAR:

- Revise cuidadosamente el pasado y el presente financiero de la persona con quien piensa casarse, sea hombre o mujer.
- Pregúntele o investigue su historial crediticio, hábitos económicos, deudas, y compromisos.
- Observe si padece de compulsiones al comprar, gastar dinero y en qué.

- Tenga presente que "el amor sale cuando las deudas entran".
- Si su pareja se ha acogido bajo las leyes de bancarrota, pregunte si fue personal o de negocios, y las razones que le llevaron a hacerlo.
- Entienda que si va a compartir su vida con otra persona, ésta tendrá acceso total a su información personal, con la que se puede solicitar tarjetas de crédito a nombre suyo rápidamente y sin que usted se entere.
- Si se encuentra en trámites de separación o divorcio, cierre las cuentas a nombre de ambos y verifique el uso que su cónyuge da a las que pueden dañar su historial de crédito.

Capítulo 17

TARJETAS A LOS JÓVENES: EL BLANCO PERFECTO

Doña Lilí Letaif de Tubilla, suegra de mi amiga la Chata Tubilla, de Coatzacoalcos, México, dice una verdad que es tan grande como una catedral: con los hijos nunca se sabe si hicimos bien las cosas hasta que fallamos. Doña Lilí no sabe la gran relación que su sabio refrán guarda en cuanto a las tarjetas de crédito y los jóvenes. Miles de padres que, por una razón u otra, les damos esa llave mágica a nuestros hijos, no estamos conscientes del daño en que incurrimos, y me incluyo a mí misma.

El 22 de noviembre de 1998, Antonietta González Collins, mi hija menor, cumplía quince años. Excelente estudiante, buenísima atleta, juiciosa —como se diría en buen colombiano—, reunía todas las condiciones para el regalo que le tenía reservado hacía meses: su primera tarjeta de crédito. ¿Estaba yo loca dándole semejante presente a una adolescente de quince años? Ahora pienso que probablemente sí, y que, además, estaba ciega. Pero en ese entonces, y a pesar de que yo estaba en el programa de manejo de deudas, sabía que la sensatez de Antonietta y lo que me vio sufrir por el mal uso de las tarjetas de crédito en compras sin control, le servirían como el mejor ejemplo para no cometer los mismos errores.

Lo que sucedió es una historia digna de que la narre con sus propias palabras Antonietta, que es estudiante de periodismo y por su narrativa, desde que era niña (ni modo, no puedo evitar sentirme orgullosa), es una promesa del periodismo hispano de los Estados Unidos en esta primera década del siglo veintiuno. Por tanto, Antonietta González Collins es quien le cuenta la odisea.

«A muy temprana edad aprendí que en esta sociedad el dinero te da poder y algo más importante: te da libertad. Eso fue precisamente lo que comencé a vivir a los quince años de edad, cuando, de manos de mi mamá, tuve algo que mis amigas y yo veíamos como lo máximo de la palabra *cool*, algo que me daba el poder de comprar lo que quisiera con sólo firmar, y que además me hacía sentir mayor y más lejana de ser una "bebé", como mi mamá me llamaba. Como no quise fiesta y en su lugar, un viaje a Europa, mamá no quiso dejar pasar la ocasión y me organizó un *brunch* en un hotel de Miami, en donde se habían reunido mis amigos más cercanos, sus padres y la familia. "Mi santa madre", como yo le llamo, al hacer el brindis en medio de su discurso, que para variar, dijo en serio y en broma, me hizo entrega del regalo que especialmente tenía preparado para mí: era una caja de piel negra donde parecía que venía una joya. No era de oro o plata o diamantes, pero sin lugar a dudas era una joya de gran valor: me regaló mi primera tarjeta de crédito, mi primera VISA. ¡Fue algo impresionante que nunca esperé!»

«Era la primera de mi grupo de amigas en tener una famosa *credit card*. En el discurso, entre otras cosas, mi mamá había explicado los motivos por los que creía que yo debería tenerla a esa edad. Todos esos motivos eran alabanzas a mi persona, todos. Y lo más importante, *todos* eran porque yo, simplemente ante sus ojos, era la muchacha más responsable del mundo. Mientras muchos seguramente se preocuparon por lo que haría yo a los quince años de edad con una tarjeta de crédito, mi madre parecía no tener el menor miedo. Así pasaron los meses y más de dos años, y el habérmela dado la liberó de muchas cosas que antes ella tenía que hacer en medio de su trabajo . . . hasta que yo pude reemplazarla en todo tipo de diligencias. Si en la casa se necesitaba algo, rápidamente me mandaba a comprarlo, y yo, feliz, pagando con mi tarjeta, o por el contrario, si yo quería cualquier cosa, desde discos, ropa, zapatos, manicura, pedicura, tinte y corte de pelo, salidas con mis amigas al cine, a comer, todo, todo, iba en la tarjeta que yo firmaba.

«Nunca necesité mentirle. Siempre que quería hacer una compra, la llamaba y después de que ella dijera la palabra mágica, "Sí", todo estaba bajo control y perfecto. Al principio fue un regalo muy bien aceptado y agradecido. Claro, ¿cómo no iba a serlo si yo tenía quince años, cero de preocupaciones, mi madre pagaba mis cuentas y además se hacía cargo de que el pago llegara a tiempo? Con esas condiciones, tener la tarjeta de crédito no fue ningún estrés ni tampoco una obsesión. Lo único que tuve que hacer para seguir teniendo ese "poder" era sencillo: muy buenas calificaciones, algo que no fue ningún problema, y seguir jugando fútbol y *softball* en los equipos de la escuela, algo que tampoco era un problema porque lo hacía desde niña. Ojalá mi vida hubiera sido así para siempre.

«Las cosas cambiaron pasados los dieceisete años, cuando despertó el "monstruo" de mi adolescencia, y mis problemas fueron tan graves y tan enormes por una relación violenta y abusiva con el que fue mi primer novio, que mi mamá terminó escribiendo su tercer libro acerca de aquella experiencia que pudo haber terminado con mi vida. Durante el año y los meses que duró la rebeldía y el descontrol total, éste no sólo fue emocional, sino también acabó con los cinco mil dólares de límite que siempre tuve intocables en mi tarjeta. De más está decir quién o por qué me empujó a hacerlo. Al final, como me decía mi madre, la responsabilidad fue mía y solo mía. Lo cierto es que cuando mi mamá, para salvarme, aplicó "su mano dura", me quitó privilegios y dinero, tuve que comenzar una vida nueva desde cero a miles de millas de Miami en la forma más espantosa que yo nunca, ni en sueños, hubiera imaginado. Era como ver una película de horror, como presenciar que eso le pasara a otra persona que no era yo.

«Las cosas poco a poco comenzaron a cambiar. Ahora miro al pasado y nada más de acordarme cómo usaba la tarjeta de crédito me da tal vergüenza que lo que quiero es cavar un hoyo y esconderme. Compraba todas las "chucherías" que necesitaba y también las que no. Llegué a un punto en que el dinero para mí era nada más que números sin importar la cantidad, es decir, si eran diez pesos o cien pesos, daba lo mismo, porque con una firma tenía lo que yo quisiera. ¿quién iba a pagar? Eso jamás me puse a pensarlo, aunque en ese entonces ya las cosas con la familia estaban muy mal.

«Había comenzado a ser compulsiva, aunque, gracias a Dios, no al nivel de mi mamá. Antes de que entrara al programa de manejo de deudas de CCCS, ella era algo impresionante. Los sábados, antes de que nos fuéramos al Noticiero Univision, donde ella trabaja desde que yo nací (y a donde cada fin de semana la acompañaba), antes de llegar a la oficina aterrizábamos en un *mall* donde comprabamos cualquier cosa que nos "captaba el ojito". A mí no me parecía mal, al contrario, si mi mamá compraba, en mi opinión era porque ella trabajaba duro para ganarse ese dinero y tenía derecho a gastárselo como quisiera. Eso es algo que ahora veo diferente. Sí, está bien comprar y gastar dinero, para eso es el dinero, ¿no? Pero todo tiene su límite.

«Cuando, poco después, en 1996, se casó con Fabio, mi padrastro le cultivó, a costa de pleitos y regaños, el límite sobre sus compras. Finalmente no sé cómo lo hizo, pero la ayudó a dejar de comprar a lo loco, algo que yo no entendía entonces. Ahora que estoy en la universidad y que soy como la mayoría de los estudiantes, una alumna sin dinero de sobra y a la que más bien le falta, mi sentido de comprar ha cambiado, aunque el deseo de tener y comprar todas las cosas que quiero siguen dentro de mí.

«Tengo la misma tarjeta de crédito desde los quince años, pero con mucho dinero que pagar por el tiempo del descontrol, pero es algo que ahora uso menos que ocasionalmente. En lo que más gasto ahora, y lo digo con orgullo, es en la distracción de los estudiantes de mi universidad, localizada en una ciudad extremadamente pequeña de Ohio: en mi viaje diario al final de la cuadra, al sitio más popular entre nosotros, el Super Wal–Mart. Es el lugar donde compro comida, cosas para la escuela y una que otra película, y se me hace una locura y un derroche imperdonable gastar incluso en las cosas necesarias y por supuesto mínimas, porque, ¿lujos? Esos están al cero en mi vida desde que vine a vivir a Ohio.

«¿Manicura? ¿Rayitos en mi pelo? ¿Ropa o zapatos? Ja, ja, ojalá pudiera tener el privilegio de cuando tenía quince años . . . aunque fuera sólo una vez cada dos meses. Eso para mí hoy es un lujo innecesario. Cuando mi tarjeta quedó al límite y el poco dinero que ganaba después de trabajar horas y horas sin descanso era para pagar el mínimo sin que cubriera la cantidad total, tuve una nueva definición de lo que era el diablo: EL DEMONIO ES TENER UNA TARJETA DE CRÉDITO SIN LA MADUREZ NECESARIA PARA UTILIZARLA.

«Hubo noches en que me acostaba y días en que despertaba llorando por los errores cometidos, entre ellos, comprar como hacen todos los jóvenes: porque tenemos una tarjeta de crédito sin saber lo que eso significa. Gracias a Dios, mi mamá me ayuda ahora y me pone en mi cuenta un presupuesto semanal al que me ajusto. Entre pagar mis clases de fútbol, las comidas, las idas al cine, ¡el dinero vuela como pan caliente! Trabajar y pagar mis cuentas con sacrificio me enseñó el valor del dinero y algo más importante aún: a valorar la ayuda de mi madre, que es un privilegio que muchos jóvenes no tienen.

«Mi novio es de gran ayuda también por que él, desde que nació, sabe lo que cuesta el dinero y eso es en parte por la forma en que su mamá le enseñó desde niño. Gasta en lo que necesita y nunca a lo tonto. Cuando le conté de cómo yo tuve mi tarjeta a los quince años ¡se quedó con la boca abierta! Él dice —y con razón— que es demasiada libertad para alguien tan joven que no sabe la definición de lo que es el dinero, que si él hubiera tenido una tarjeta de crédito a esa edad, seguramente hubiera gastado el dinero en cualquier locura.

«Ahora, ¿cómo pensamos él y yo, con estas experiencias, que va a ser nuestra vida como adultos, al salir de la universidad? Con los préstamos de estudiantes que tendremos que pagar cuando los dos nos graduemos, no queremos desde ahora gastar un sólo centavo, y nos aterramos cada vez que se acaba un semestre escolar. ¿Por qué, si eso nos pone más cerca de graduarnos? ¡Precisamente por eso! Porque significa un semestre menos para empezar a pagar esas deudas. Pero hay otras deudas que también acaban con los estudiantes sin que la familia siquiera lo sospeche. Muchísimos jóvenes en mi escuela y en todas las escuelas de los Estados Unidos tienen la misma debilidad: el alcohol.

«Todo el dinero que obtienen, ya sea por ayuda de sus padres o por sus trabajos, se les va en un segundo en comprar alcohol, cerveza, licor. Cuando están más endeudados que nunca, es en el famoso *spring break.* Al regreso de esas vacaciones, las historias de mis amigos me dejaron con la boca en el piso cuando me contaron que en sólo una noche se gastaban ¡de cien a doscientos dólares en puros tragos, que resultan en más de mil dólares al final de la semana! No hay control o límite, ni quien lo ponga. El problema es que la mayoría de los estudiantes somos legalmente "adultos" y por lo tanto considerados responsables por las decisiones que tomamos, pero nadie se da cuenta de que para la mayoría de esos "adultos" la única prioridad es pasar un *good time,* pasarla bien, y si eso se hace comprando y firmando con una tarjeta de crédito, pues entonces será más fácil obtener cualquier cosa que "capte el ojito".

«Al final, todo el mundo va a tener una historia y una opinión personal sobre el dinero y en qué, cuánto y cómo gastárselo. Mientras esto es algo completamente diferente en cada persona, algo que nunca va a cambiar y va a definir si tienes deudas o no, si gastas a lo loco o no, o si eres responsable o no, es el ambiente en el que vives y en el que creciste, los amigos que tienes, lo que nuestros padres nos enseñaron y su ejemplo y lo más importante, la forma en que nuestras prioridades afectan las decisiones que tomamos en la vida diaria».

UN PLAN CON MAÑA

Joe Zunzunegui, director ejecutivo de Consumer Credit Counseling Services, dice que eso que viven estudiantes como mi hija Antonietta y millones, mi–llo–nes más, es parte de una política sencilla: las compañías de tarjetas de crédito saben que están frente a dos situaciones en las cuales ellos nunca pierden. La primera es que, ante una gran deuda de los adolescentes, los primeros en salir al rescate de los hijos son los padres que pagan el balance, lo que le produce a la compañía ganancias. La otra opción siempre será saber que ya tienen cautivo, desde entonces, a un consumidor joven que les va a durar muchísimos años dándoles ganancias. En esencia, ésa es la filosofía para darles tarjetas de crédito a gente cada vez con menos años de edad.

Roxana Soto, productora del programa de investigación *Aquí y Ahora*, y una de las personas más organizadas que conozco, me sorprendió al compartir su experiencia como estudiante que entró en el mundo de lo que pudo ser una deuda impagable como consecuencia de haber aceptado tarjetas en sus tiempos de estudiante. Roxana Soto cuenta lo que le sucedió a los diecinueve años de edad.

«En la universidad, las compañías de tarjetas de crédito ponían unas mesas con las solicitudes . . . y regalitos para quien las llenara. Tú te acercabas con temor. La primera vez yo dije: "No, no me van a dar nada porque no tengo ni dinero ni trabajo". Llené la solicitud, me dieron de regalo una taza para café y me fui feliz. A las tres semanas, increíblemente ¡tenía la tarjeta de crédito en mis manos! Me sentí maravillosa, me creía la mujer más poderosa que existía en la tierra, porque sin dinero, me habían dado una tarjeta. Salí, me volví loca haciendo cosas, como invitar a mis amigas, me fui de viaje y todo cargándoselo a la tarjeta.

«A la primera tarjeta que me dieron, siguieron dos o tres más que, también sin dinero ni trabajo, me otorgaron. Yo estaba feliz y no me daba cuenta de que, al mismo tiempo, iban creciendo unas deudas que sin ningun motivo yo estaba creando. Eso es fácil de explicar: en los estudiantes el "poder" simplemente significa tener una tarjeta. De otra forma, si no la tienes o no tienes dinero, no puedes comprar nada. A partir de que las tuve, no sólo compré muchas cosas que quería, sino muchas cosas que ni remotamente necesitaba. Era *cool* sacar la tarjeta y poder pagarles a los amigos, además probar que eres alguien que sin trabajar, sin ganar un centavo, podías pagar. Además, la verdadera importancia de haberla obtenido por mí misma era que la tarjeta tenía mi nombre, no era una extensión de la de mi papá, ni tenía su nombre . . . ¡era mía y sólo mía!"

«¿Qué comenzó a pasar? Bueno, que a medida que iba gastando, las tarjetas me subían el límite y llegó el día en que, por supuesto, sin dinero para liquidar la cantidad de cosas que me había comprado, sólo tenía para hacer el pago mínimo. El problema se complicaba cada día más porque el pago mínimo eran veintitrés dolares por tarjeta. Y para ese entonces yo ya tenía cinco o seis tarjetas. Entre los diecinueve y veinticuatro años, la edad que yo tenía en esa época, era fácil adivinar que yo no tenía dinero suficiente para hacer siquiera los pagos mínimos. Como yo no sabía nada de lo que era el pago mínimo ni los pagos retardados, se me fueron acumulando ambos y, en un momento dado, eso resultó ser una bomba de tiempo en mi vida. Y sólo tenía veinticuatro años.

«Muchos me decían, "¿Tus papás no te dijeron nada?" La verdad es que mis papás nunca me educaron acerca del crédito. En mi casa no eran de ahorrar. Iba a un colegio privado, vivíamos bien, pero me habían enseñado a guardar y no tener deudas. Por eso mismo caí facilmente y sin saber las otras consecuencias. Nadie me habló de lo fácil que es tener mal crédito y que eso te persigue y te encuentra donde estés. Nadie me advirtió que de esos errores no tienes cómo esconderte. Después, en tu vida adulta, pagas las consecuencias de la juventud, porque un pasado problemático con el crédito y que comenzó como estudiante se refleja más tarde en los problemas para que te autoricen un préstamo para comprar una casa o un carro, y que si te lo dan, los intereses siempre serán más altos que para los demás. A mí nadie me dijo nada de eso.

«Cuando salí de la universidad y me di cuenta de que con el pago mínimo nunca iba a poder salir de las deudas, me metí en el programa de Consumer Credit Counseling Services. Una a una vi cómo fueron cortando todas mis tarjetas. Me quedé sólo con una que tendría que utilizar para mi trabajo y que pagaba mensualmente. El primer día sin ella fue doloroso, fue horrible, me sentía vacía, sin control, y decía, "¿Ahora qué hago?" Los primeros meses fueron bien fuertes y simplemente me hicieron ver lo que duele estar en la situación que te metiste, y eso me hizo sentir horrible.

«Finalmente, aprendí la lección y por muchos años no supe lo que eran las tarjetas de crédito. Eso me enseñó a comprar en efectivo, y me enseñó a no utilizar la otra puerta abierta que se llama ATM, los cajeros automáticos. Esto último es lo que menos ayuda, porque nos da un acceso rápido al dinero. Finalmente, aunque no soy perfecta, por lo menos sé que soy una compradora controlada y hoy me siento bien. Pero hay un sentimiento que cuando pienso en esa parte de mi pasado me da una rabia inmensa. Que las universidades y colegios se presten a que entrara en el mundo de las compañías que ofrecen tarjetas de crédito a estudiantes sin conocimiento alguno del daño que hacen. Si quieren dejar que pongan las mesas y ofrezcan las tarjetas, pues que al mismo tiempo enseñen y les den lecciones a los alumnos de lo que es realmente una tarjeta de crédito. Que les adviertan lo que son los intereses, el pago mínimo. ¿Quieren dar entrada al mundo de firmar y comprar? Está bien, pero entonces den enseñanza. Eso seguirá siendo básico».

El razonamiento de la productora Roxana Soto era honesto y realmente primordial para un estudiante universitario a quien se le acercan en la puerta de su salón de clases, no en un almacén ni por correo, sino donde menos se lo imagina.

¿SON JÓVENES O SON ADULTOS?

El turno para responder fue de la doctora Belisa Lozano–Vranich, experta en el tema y quien trabaja en la Universidad de Fordham en Nueva York, en "Hire Education Opportunity Program", un programa dirigido a los estudiantes:

«En verdad, ¿quién puede resistir la tentación? Para educar sobre esto habría que empezar muy temprano en la vida, desde niños, y hacerles ver desde entonces lo que es el dinero, y cómo funciona a favor y en contra. El problema del porqué las universidades permiten que las tarjetas de crédito se ofrezcan dentro del *campus* es sencillo. En las universidades se vende todo tipo de cosas y por igual. Si se encuentra el servicio militar o las diversas religiones, se tiene que permitir también que las tarjetas de crédito lleguen a instalar sus mesas en todas partes. Hay que tener en cuenta el otro factor de riesgo y es que estamos hablando de que los muchachos, aunque sean jóvenes, legalmente son ADULTOS. Tanto es así que, por ejemplo, si un joven tiene problemas con sus calificaciones y sus padres quieren saber qué sucede, no se les puede dar la información porque legalmente se trata de un alumno adulto. La paradoja es que hay que cuidar su bienestar, pero en su contra juega que legalmente hay poco que se pueda hacer. Además, la edad tradicional de los muchachos de entre dieciocho y veintiún años ha quedado en minoría porque ahora la edad promedio de los estudiantes es de veinte a veinticinco años. Entonces, para efectos legales, no hay quien dude que estamos hablando de adultos».

CUÁNDO EMPEZAR

«Tristemente, en cuanto a los universitarios —afirma la experta— no se pueden prohibir este tipo de actividades porque vivimos en una época de litigio, y si alguien lo hace de inmediato podrían surgir las demandas. Creo que el momento de hacerlo sería en la escuela, porque es cuando los muchachos ganan mucho en comparación con los adultos. Por ejemplo, hay alumnos de nuevo ingreso que han ganado $15,000 al año en trabajos de tiempo parcial. Eso es buen dinero para un muchacho que ya se ha acostumbrado a tenerlo y a gastarlo. Ése es el momento en que hay que educarlos. Después . . . es demasiado tarde».

SIN LA MÁS MÍNIMA IDEA

La doctora Elena Lozano–Vranich asegura que a pesar del exceso de información disponible, los estudiantes son quienes menos saben lo que significan los términos más comunes de una tarjeta de crédito.

«Por principio ellos no ven lo que cuesta comprar y firmar. Entonces, hay que explicarles que si algo cuesta veinte dólares, tienen que añadirle el tanto por ciento del impuesto que se cobra en el estado donde están, más el costo de la tarjeta. Tampoco saben lo que significa el pago mínimo. Muchos viven de las tarjetas de crédito y no tienen para liquidar el monto de la deuda, ignorando que con el pago mínimo, por ejemplo, una deuda de dos, tres mil dolares, sin hacer un sólo cargo a esa tarjeta, probablemente tome cuatro años para pagar porque la palabra lo dice, el mínimo está diseñado para ser realmente mínimo y nadie huele el peligro real».

EL COSTO DE NO SABER

«Se empieza muy temprano —continúa explicando Elena Lozano–Vranich—, se acostumbran a la deuda y no la ven como tal, sino como una costumbre de la vida diaria que hay que pagar todos los meses. No entienden las otras cosas aunque las escuchen, y se ve en algo tan significativo como esto: si el promedio de deudas de los estadounidenses es de unos $15,000 por persona, eso quiere decir que muchos deben el doble».

LOS REYES NO PODRÍAN HABER TENIDO TANTO LUJO

«Mi esposo, que es un amante de la historia, me hablaba de algo que es cierto. Los reyes de Francia, por ejemplo el rey Luis XIV, no hubiera podido vivir y viajar como lo hace un estudiante pobre con su tarjeta de crédito o su ATM, es decir con el acceso al famoso cajero automático. Antes, los reyes llevaban cartas de crédito que debían ser convertidas en dinero para pagar los gastos de sus viajes en el lugar a donde llegaran y con los comerciantes indicados. Lo mismo pasaba con los grandes estadistas aún a principios del siglo pasado, cuando debían tener a los banqueros o financieros de su lado para facilitarles dinero en efectivo. ¿Ahora qué sucede? Necesitan dinero a las doce de la noche, van al ATM porque eso es igual a la facilidad de sacar y gastar dinero. Es, sin más palabras, la puerta abierta donde el justo peca. Se acabó la época de los cheques de viajero o de esperar a que el banco abriera para poder tener el dinero. Ahora en cualquier parte del mundo un ATM nos da el dinero para gastar».

NOS PIDEN GASTAR Y GASTAR

El tema tiene decenas de bemoles para la experta: «Vivimos en una sociedad en que nos piden que saquemos y usemos el dinero. Encuentro que nunca antes nos habían dado la tentación de gastar tanto como ahora, cuando el problema mayor es no saber que el dinero que nos proporciona una tarjeta de crédito no es nuestro . . . ES DINERO DE LA TARJETA DE CRÉDITO, y por lo tanto . . . TENDRÁ QUE PAGARSE».

Ojalá hubiera sabido lo que la doctora Elena Lozano-Vranich conoce a la perfección. Eso me pudo haber servido en el momento en que di a Antonietta su primera tarjeta de crédito. No pude ahorrarle los problemas en los que incurrió, y en mi caso, como madre, tuvo que pasar mucho tiempo, tanto, como llegar a escribir este libro y pedirle a ella su testimonio personal, y que así aminorara mi complejo de culpa por haberla inducido al mundo del consumismo con aquella tarjeta de crédito que le di a los quince años. Con este capítulo y lo que ella escribió, entendí que sabe valorar las cosas luego de haber vivido la pesadilla, y que a fin de cuentas ella, como millones de jóvenes más que tienen la fuerza de voluntad para detenerse, son los únicos que pueden salvarse . . . Eso dependerá, siempre, de que quieran hacerlo.

PARA RECORDAR:

- Si va a dar una tarjeta de crédito a su hijo o hija, asegúrese de que sabe qué significa eso. Si no está segura, ¡no lo haga!
- Si por el contrario, ellos son los que la han solicitado, cerciórese de que conocen los elementos básicos, como el significado de pagar tarde, los recargos o los pagos mínimos.
- Ejemplifique los problemas con datos como éste: una deuda de tres mil dólares, sin usar para nada la tarjeta, demora cuatro años en pagarse o quizá más.
- Esté seguro de que entienden que los cajeros automáticos o ATM son una puerta abierta para gastar.
- Hágales entender que el mal crédito los perseguirá durante muchos años sin que se puedan esconder. Las consecuencias inmediatas serán no conseguir préstamos, y si se los dan, los intereses serán altísimos.
- El pago mínimo y los recargos hacen crecer desproporcionadamente una deuda.
- Y póngales en la mente la mecánica de las compañías que ofrecen el crédito: saben que al tenerlos entre sus clientes tienen a un comprador seguro que les va a durar muchos años.
- Finalmente repita lo que Antonietta, mi hija, pregona: una tarjeta de crédito mal utilizada es igual ¡al demonio mismo!
- Para información con la Dra. Belisa Lozano-Vranich escríbale a: vranich@fordham.edu.

Capítulo 18

MODERNOS ALÍ BABÁS: LADRONES DE IDENTIDAD

¿Qué sucede cuando una persona totalmente organizada, quien no compra nada compulsivamente, que utiliza sabiamente sus tarjetas de crédito y que paga puntualmente todos sus gastos de pronto se encuentra con la pesadilla de que no los pagó y que, además, el dinero de la cuenta de ahorros que con tanto sacrificio había cuidado para no tener problemas con sus gastos mensuales, se ha esfumado? Eso mismo le sucedió a Miguel Ángel Tristán, compañero de Univision y quien, con su dolorosa experiencia, se convirtió en víctima de lo que son los modernos Alí Babás, es decir, ladrones de cuentas en la época moderna.

¿A MÍ? . . . ¡ESO NO ME PUEDE PASAR!

Miguel Ángel, padre de la productora del *Noticiero Univision Fin de Semana,* Gabriela Tristán, es un hombre conocido por su rutina ausente de excesos y, por tanto, un padre de familia estructurado en sus gastos, quien además ha sabido imprimir ese toque de organización en su familia. Por todas esas cualidades, ni él ni nadie de los suyos jamás imaginó que, cumpliendo una más de las rutinas que realizaba mes con mes, caería en el esquema del fraude que cada día cobra más víctimas y que ocurre donde menos se imagina:

«A mí eso no me puede pasar . . . , de entrada estaba incrédulo mientras revisaba mis estados de cuenta, que en principio fue lo que me salvó de que las cosas no fueran mucho peor. Yo tengo en una libreta las entradas y salidas de dinero mensuales; además, por costumbre hago la revisión de mis estados de cuenta. Al ver que la cuenta había quedado en ceros, no entendía qué pudo haber pasado. Lo primero que hice fue preguntarle a mi esposa si ella había comprado algo por cantidades similares. Me extrañaba que así fuera porque eran dos cheques cobrados por setecientos dólares y uno más por quinientos. Cuando ella me dijo que no, que por supuesto no lo había hecho, tuve que entender que entonces había sido víctima de un ladrón. ¿Pero cómo? Nadie me había robado la cartera, ni a mi esposa, ni me habían tomado las tarjetas de crédito. No me lo explicaba hasta que llegué al banco y, para mi sorpresa, me van dando una fotocopia de los cheques que habían sido cobrados, y sí. Era mi cuenta, eran mis cheques, pero no era mi firma. Exactamente correspondían a los que yo había escrito de puño y letra para pagar, agua, luz, en fin, los gastos mensuales. Lo que no entendía era cómo se había borrado mi letra y se habían escrito las cantidades diferentes».

EN EL LUGAR MENOS PENSADO

En el banco le explicaron al ingeniero Tristán que se trataba de un fraude por robo de documentos, y que los ladrones utilizaban técnicas para "lavar" algunas porciones del documento y cobrar posteriormente el cheque.

«Afortunadamente, en el banco me entendieron. Tuve que hacer un reporte policíaco para que se abriera el caso. Poco a poco, reconstruyendo lo que hice en los días anteriores al robo, caí en cuenta de que del único sitio donde me pudieron haber tomado esos cheques ¡era el buzón de correos que está afuera de la oficina postal! Ése era el sitio donde yo los había depositado. Quien los tomó, lo hizo precisamente . . . ¡del lugar menos pensado! Después de un mes, el banco me devolvió el dinero que ellos habían pagado sin verificar la firma. Te da mucho coraje sufrir un delito de esta magnitud, especialmente alguien como yo, que he cuidado mi crédito como un perro, sin importar lo que pasara en mi vida, con sacrificios; nunca he tenido retrasos y, por tanto, esos pagos que me robaron, que eran de mis gastos mensuales de la casa y no se pagaron por un mes, me pusieron recargo, pero al final, los acreedores los perdonaron al conocer la situación».

UN GOLPE DE SUERTE

«Como a los tres meses, me llegó una carta de la oficina de la fiscal de la Florida, donde me pedían que testificara en la corte porque habían atrapado a los individuos que cometían el fraude, y entre sus víctimas estaba mi nombre. ¡Por supuesto que acepté! Era un hombre que formaba parte de una banda dedicada a robar buzones de correo de los domicilios y de las mismas oficinas postales sin importarles que fueran edificios federales. El hombre tenía antecedentes, incluso de un asesinato. Lo metieron a la cárcel, pero irónicamente no por el delito de falsificar cheques, sino por el robo cometido en instituciones del gobierno.

SIEMPRE SE APRENDE ALGO NUEVO

«La lección que me dejó esa amarga experiencia es no confiar en los buzones callejeros ni aunque se encuentren en las mismas puertas del correo. A partir de ese día me tomo el tiempo necesario para entrar a la oficina y dejar ahí mi correspondencia. Si decido ir al correo antes de llegar a la oficina, me levanto más temprano, voy y lo deposito. Tampoco confío todavía en la Internet. Así que marcho a la antigüita, pero seguro. Sigo teniendo el trauma. Por eso, ¿dejar cheques de pago en un buzón? ¡Por nada de este mundo!»

ROBANDO LA IDENTIDAD

La historia de Miguel Ángel Tristán es una con final feliz. Pero no es la medida media. Hay otra variante de ese delito de robo que tiene gravísimas consecuencias: el robo de identidad, que diariamente afecta a miles.

El siguiente caso es patético y nos tocó muy de cerca en la redacción del noticiero. La víctima no puede dar su nombre porque cada noche sus pesadillas la llevan hasta los ladrones que le despojaron de la identidad que tuvo, hasta que ellos se cruzaron en su camino en una lotería fatal donde fue la elegida. Periodista, joven, con una vida por delante, el mismo día en que estaba por salir a la ceremonia de graduación de su universidad, recibió una llamada que pensó no responder por las prisas, pero la corazonada de que se tratara de algo importante le hizo tomar el teléfono: le llamaban del departamento de servicios al cliente de una de sus tarjetas de crédito:

«La mujer me decía que tenía en la línea a una persona con mi mismo nombre, apellido y número de seguro social y que estaba activando la tarjeta de crédito que recién le había llegado. Yo no entendía de qué me estaba hablando porque no había solicitado ninguna. Lo que era felicidad por mi graduación, en ese momento se tornó gravedad. Alcancé a pedir alguna información que me pudo dar. La tarjeta tenía toda mi información, lo único que no concordaba era la dirección. Lo peor es que al verificar ésta, el número correspondía... ¡a unos vecinos de la misma cuadra, cuya casa se veía desde la mía!»

EL BUZÓN: VÍCTIMA PRIMARIA

«Si los ves en la calle, no piensas que son delincuentes. Yo los veía entrar y salir de su casa que se veía desde la mía. Se habían mudado recientemente al vecindario y lucían como una pareja normal. Cuando la policía, después de un operativo llegó y descubrió la red que tenían hecha, hallaron entre las cosas falsificadas todo tipo de duplicados. ¡Ahí estaba también una copia de mi licencia de conducir, porque tenían todo lo necesario para hacer los duplicados de documentos especiales. Armados de eso ya no necesitan asaltar a nadie con una pistola. Lo hacen por teléfono y con las tarjetas de crédito, porque la mayoría son fáciles de obtener si el ladrón tiene información tan crucial como el número de seguro social. En mi caso, como sabían que era estudiante y porque estaban dedicados al robo, me escogieron como víctima porque sabían qué tipo de correspondencia recibe una estudiante. Del buzón de la puerta de mi casa tomaron las cartas que enviaba la universidad, que ellos sabían que, por lo regular, tenían el número de seguro social y demás datos confidenciales. Con eso comenzaron a sacar tarjetas a mi nombre. El problema es que hay muchas tarjetas instantáneas que, al abrirlas, de inmediato puedes comenzar a comprar sin tener que esperar la tarjeta física. Y desgraciadamente ése fue mi caso con los ladrones de identidad».

LEYES DÉBILES

«A esta banda de ladrones le dieron una pena de dieciocho meses en la cárcel. Lo terrible es que no los condenan por robar la identidad de una persona, porque las leyes no son suficientemente estrictas ni diseñadas en ese caso específico. Entonces los condenan por robo de correo, que es un delito federal. Ellos son una pareja casada. La mujer, que tenía niños, purga la condena y sus hijos fueron dejados bajo el cuidado de familiares. El hombre, probablemente permanecerá en la cárcel más tiempo por problemas de inmigración, porque es cubano que llegó en forma ilegal y ya tenía problemas desde antes. En la mayoría de esos casos, como no los pueden deportar a Cuba, entonces los dejan por años en prisiones federales diseñadas para este tipo de delincuentes».

¿HAY ALGO QUE HACER?

«Desgraciadamente, muy poco. No hay manera de evitar que te roben la identidad. De alguna manera yo lo comparo con el simple hecho de que venga alguien y te arranque la cartera y te roben el dinero. Te sientes inútil en el sentido de que es muy difícil encontrar a ese ladrón. Yo, por lo menos, en toda esta tragedia topé con la suerte de que, como eran vecinos, les seguimos la pista y tuve la ayuda de las autoridades que finalmente encontraron a estos delincuentes, pero soy un caso entre millones, donde hay muchos que viven estafados y no saben quién es el criminal que les ha dañado su identidad».

UN DAÑO IRREPARABLE

«Tengo rabia. Me dañaron mi crédito a los veintidós años de edad. Las compras que los ladrones pudieron hacer con tarjetas a mi nombre eran por $15,000. ¿De dónde iba a sacar dinero para pagar eso? Me dañaron mi crédito y, como si fuera una bancarrota, no puedo comprar nada si no es en efectivo. Lo más frustrante es que para componer ese mal crédito no hay nada que hacer. Escribí decenas de cartas a las grandes oficinas de crédito, que son tres: TransUnion, Equifax y Experian. No pueden hacer nada. Me dijeron que en el mejor de los casos, en dos años se va a aclarar todo. Aunque lo cierto es que durante nueve años eso podría seguir en mi expediente. Pero comparado a otros temores, la situación es pequeña. Hay algo más que podría resultar todavía más terrible: por dinero, los ladrones de identidad venden a otros delincuentes la información que tienen. Sigo teniendo pesadillas de que alguien, en algún lugar, vuelva a tomar posesión de la historia de mi vida, y me pueda hacer daño, un daño irreparable».

CUANDO ALÍ BABÁ ES ALGUIEN FAMILIAR

El drama anterior se acentúa cuando el que roba la identidad es alguien de la misma sangre. Mercedes Juan, cibernauta española, y Myrna Ocasio, cibernauta puertorriqueña, ambas líderes de mi foro en Univision.com, trajeron a mi atención otra variante de los ladrones que actúan con impunidad debido a delicadas cuestiones. ¿Qué sucede cuando el ladrón es parte de la familia, como vivió la forista Jacy04 y como lo contó ella misma en el testimonio que envió de su puño y letra?

«Mi hermana me convenció para que le sacara un carro a crédito ya que a nuestra madre recién la habían operado del corazón y no tenían en qué trasladarse en caso de emergencia. Por ser compradora compulsiva, ella ya tenía el crédito destrozado. Sólo por tratarse de mi mamá accedí a sacarle un carro a mi nombre. Tres meses más tarde, recibí una aplicación de tarjeta de crédito, que mi hermana había aceptado a mi nombre sin decirme nada. En menos de diez días había extraído trescientos dolares, de los que me enteré porque el banco nos envió una carta para advertirnos de la circulacion de la tarjeta. Imaginé que estaba siendo víctima de algún ladrón de identidad. Comenzaron las investigaciones que dieron un resultado sorprendente. ¡Lo que menos me imaginaba, que mi propia hermana, a la que había ayudado con el carro, fuera la que estaba detrás de eso! ¡No podía creer cuando me informaron que la dirección a la que habían enviado esa tarjeta era . . . la de mi hermana!

«No sabía qué hacer, porque si le quitaba el carro tendría que pagarlo para que mi crédito no se afectara, y de todas formas si lo dejaba de pagar, lo más seguro era que se lo quitaran y que mi crédito de todas maneras también se afectara.

«Dos meses después tuve que tomar una determinación cuando me llamaron del banco porque debía dos meses del pago del carro. Se lo quité, pero igual no pude deshacerme de él. ¿Qué me sucedió? Que ahora tengo un auto que no quería tener y una deuda de tres mil dólares en la tarjeta que estoy pagando, porque ella dice no tener dinero. Por eso les doy el consejo: no hagan favores de ese tipo para no correr riesgos de perder el crédito, perder la paciencia, perder relaciones familiares o de amistad, perder unos cuantos miles de dólares o perder todo lo dicho anteriormente. En medio de la frustración recordé a mi abuelo que decía: "No se pueden levantar vacas caídas, porque cuando están de pie te dan una patada"». Jacy04 Univision.com

La moraleja de los Alí Babás modernos: estamos desprotegidos ante una nueva ola de delitos tan impredecibles que las leyes aún no entienden cómo están sucediendo, ni saben cómo crear castigos jurídicamente establecidos. Quizá lo mejor sea la vieja usanza: ojo abierto. Nunca dar por descontada la posibilidad de que eso nos pueda suceder a nosotros. Y, como dice la joven periodista víctima del robo de su identidad, hay que tomar precauciones vitales con la tarjeta de crédito:

«Lo que aconsejo es que mantengan su crédito organizado. Siempre saber cuál tarjeta usa, cuánto debe en cada tarjeta de crédito y, sobre todo, cortar las que ya no usa. Así, revisando los estados mensuales, en caso de que vea algún trámite extraño en su crédito, podrá identificar el problema de inmediato».

Lo que se traduce en que "Guerra que avisa . . . no mata soldado".

PARA RECORDAR:

- La mayoría de los robos comienzan en el buzón de su casa.
- No deje la correspondencia recibida en el buzón, que quien menos se imagina puede robarla.
- Cuide celosamente su número de seguro social.
- No deposite los pagos que envía por correo en ningún buzón de la calle. Tome un poco de tiempo y déjelos en un lugar seguro como el interior de la oficina postal.
- Revise sus estados de cuenta bancarios y de tarjetas. Reporte cualquier actividad ilegal.
- Al confirmar que ha sido víctima de robo de identidad, haga una denuncia policíaca.
- Contacte las oficinas de crédito que, generalmente, son tres: Equifax (1-800-685-1111), Experian (1-888-690-8086) y Trans Union (1-800-226-6214).
- En el caso de falsificación de cheques pagados por su banco, el monto podría ser devuelto si se comprueba que fueron cobrados sin verificar firmas.
- Tratándose de tarjetas de crédito, el balance seguirá siendo su responsabilidad, por lo que, de no pagarlo, el mal crédito podría aparecer en su expediente hasta diez años más tarde.
- Recuerde que los ladrones de identidad merodean en cualquier parte.

Capítulo 19

EL FAMOSO
"PAGO MÍNIMO"
Y ALGO MÁS

Siendo corresponsal del *Noticiero Univision,* en Texas, en el verano de 1992, la vida me tenía reservada una gran sorpresa: de un día para otro mi suerte cambió, marcando el rumbo de mi carrera para siempre. Guillermo Martínez, entonces vicepresidente de noticias, me daba una verdadera sorpresa: dejaría de ser corresponsal del noticiero porque había sido escogida como copresentadora de un programa de entretenimiento que se llamaría *Al mediodía.* El reto era atractivo e iba a compartirlo junto a quien entonces ya era uno de los mejores reporteros de entretenimiento de la televisión hispana, Mauricio Zeilic, quien, con los años, se convertiría en el "rey del tiqui-tiqui", palabra que él creó para bautizar el chisme sabrosón en la vida de los famosos. Si bien *Al mediodía* fue cancelado cuatro meses después de estar al aire y yo regresé a mi trabajo de corresponsal con sede en Miami, la amistad entre nosotros dos ha perdurado. Con Mauricio he consultado numerosas decisiones sobre asuntos económicos ya que él, una persona con el futuro económico asegurado de antemano, es medido al gastar y minucioso en cuanto a sus inversiones, producto de las enseñanzas de su fallecida madre, Rosita Rapoport, por quien profesa un amor acrecentado con su ausencia.

«Mi mamá, dice Mauricio, me enseñó su extraordinario concepto sobre el valor del dinero porque ella tenía terror a vivir lo que decía ser lo más triste del mundo: llegar a viejo y no tener dinero. En Polonia, país donde había nacido, a causa de la guerra muchas veces sufrió innumerables carencias, comenzando con lo básico, que es comer. Me contaba cómo tuvo que esperar a que otros comieran primero para después tomar lo que sobrara. Esto la marcó de tal manera que le dio la increíble fuerza moral que tuvo hasta el final de sus días, donde tuvo una vejez acomodada y planeada, tal y como ella quiso. Siempre fue una mujer que supo ahorrar y administrar el dinero. Al llegar a Cuba trabajó día y noche junto a mi padre hasta tener sus negocios de hotelería. Con los años, entre las muchas y muchas lecciones que recibí de ella, estuvo lo que siempre repetía y que fue su norma: nunca comprar nada a crédito, pagar todo con dinero en efectivo o simplemente abstenerse de comprar, hasta tener la cantidad que se necesite para comprarse aquello que tanto quería».

DUELE MENOS PAGAR A CRÉDITO
QUE PAGAR EN EFECTIVO

Mauricio Zeilic, quien al morir su madre quedó al frente de un negocio de inversiones en bienes raíces, sigue hablando de los consejos de su madre, una financiera nata.

«Adelantándose a su tiempo, ahora veo que su filosofía personal con los años se ha convertido en lo que los expertos económicos recomiendan a quienes tienen problemas por sus gastos a crédito sin control. Como ella detestaba pagar intereses, por eso trataba de repetir a quien le pidiera un consejo sobre cómo tener éxito en los negocios: "No vivan en deudas y no se engañen teniendo las cosas a crédito. Hay que pagar siempre con dinero contante y sonante, en efectivo. Es mejor que pagar firmando con una tarjeta. Pagando con dinero, siempre dolerá más hacerlo, pagando con una firma no provoca dolor alguno de inmediato, las consecuencias vienen después cuando ya no hay remedio". Como siempre, la filosfía de mi mamá llevaba encerrada una gran verdad. Hasta el día de hoy, y luego de haber rectificado el rumbo cuando cometí algunos errores, la tengo presente, especialmente cuando estoy a punto de comprar algo de lo que no estoy seguro y es como verla frente a mí diciéndome: "Nunca compres lo que no te hace falta . . . ¡para que algún día no tengas que vender lo que *sí te hace falta!*" »

El relato de Mauricio Zeilic lo tuve presente cada vez que, sin conocer a fondo la magnitud de mi descontrol en comprar, yo trataba de encontrar una solución a aquel mundo de deudas en aquellas veintidós puertas de mi reino maravilloso. Entonces, Mauricio siempre me decía lo mismo: «Tienes que pagar todo y gastar, sí, sólo lo que puedas pagar en efectivo, en *cash.*» Eso me sonaba lejano, especialmente porque haciendo mi pago mínimo mensual, nunca vi bajar el monto principal de la deuda sin pensar que formaba parte del grueso general de los deudores.

IGNORANCIA . . . O APATÍA

Por increíble que parezca, mi ignorancia ante el mundo de las deudas era del tamaño del monte Everest. Con todo y el mundo de cosas que se supone que un reportero como yo sabe, en realidad yo no entendía los detalles básicos del crédito. Era una perfecta ignorante que, inconscientemente, prefería seguir en esa ignorancia, abriendo más y más cuentas. Años después y en medio de la reflexión para encontrar el origen del problema, supe que si entonces hubiera entendido muchos datos, seguramente hubiera puesto un alto al desastre financiero, ahorrándome años de deudas e intereses. Y es que, haga memoria que seguramente usted y yo en algún momento hemos pensado lo mismo: «Si yo pago puntualmente lo que me pide la tarjeta, al final de cada estado de cuenta que me llega mensualmente mis acreedores se van a dar cuenta de que soy una persona responsable de mis obligaciones». ¡Sí, cómo no! En primer lugar eso es un negocio, no una agencia de comprensión fundada por una orden de frailes franciscanos para comprender a los deudores incorregibles. En segundo lugar, para nuestros acreedores somos un número, no una persona. . . . ¿entonces?

¿PAGAR A TIEMPO SIGNIFICA PAGAR LO QUE SE DEBE?

No sienta vergüenza de reconocer que piensa o pensaba así. La mayoría de los errores al comprar sin control nacen de dos pequeñas premisas en las que millones de consumidores no reparan, según Joe Zunzunegui, director ejecutivo de Consumer Credit Counseling Services. A esas premisas se les une el desconocimiento de dos palabras con un alcance gigantesco para los deudores: lo que realmente significa el PAGO MÍNIMO, que en realidad está diseñado para ser lo que gramaticalmente afirma: MÍ–NI–MO.

«Si alguien está endeudado y no tiene la orientación correcta y se da cuenta de que no avanza en pagar las deudas, es precisamente por no entender, entre otras cosas, lo que significa ese término. Casi todos nuestros clientes están excedidos en lo que pueden pagar en sus tarjetas y no entienden que eso tiene que ver también con las matemáticas . . . Las compañías de las tarjetas han reducido el promedio que aplican a la deuda por concepto del "pago mínimo". Antes, esa candidad era del 3 por ciento, que se ha reducido al 2 por ciento, teniendo como consecuencia que apenas si se cubren los gastos de los intereses y quedan desprotegidos otros renglones, como el pago de dinero al principal».

LA GRAN CONFUSIÓN

«Sucede entonces algo que hay que tener en cuenta y en–ten–der —aclara el experto—: que haciendo puntualmente el "pago mínimo" siempre y sin retardo, teóricamente en la computadora estamos hablando de un deudor que está bien, que tiene buen crédito, que es un sujeto confiable y por lo tanto a quien se le puede seguir aumentando el límite para gastar o se le autorizan más tarjetas. Sin embargo, no tener pagos atrasados, pero sin dinero para pagar lo que se debe, equivale a otra cosa: a no salir JAMÁS del principal de la deuda, el cual llevará años, por lo menos cinco y hasta diez o quince en pagar una cuenta no mayor de cinco mil dolares».

"LOS OTROS CARGOS"

De acuerdo con Joe Zunzunegui, el desconocimiento es lo que hace que las deudas y los deudores escalen en las proporciones que han tomado a lo largo de la última década.

«Pocos saben que mientras han bajado las cantidades aplicadas al "pago mínimo", por otra parte han subido los pagos que el deudor tiene que hacer por el resto de los servicios alrededor de una tarjeta de crédito, como lo son el extralimitarse, es decir, rebasar la cantidad que la compañía estableció para un cliente y que le permite seguir comprando, y también, las penalidades por retrasarse en el pago mensual, que se han incrementado en 300 por ciento. Hace años, por estos conceptos se pagaban de cinco a diez dólares; ahora, por lo menos son treinta y cinco dólares, lo que significa que el balance seguirá subiendo así el usuario no utilice la tarjeta. No utilizar una tarjeta de crédito en ese punto es algo más que complicado por la sencilla razón de que la mayoría aprende a vivir combinando las deudas para cubrir el presupuesto de la casa con una, dos o tres, y así se pasan solucionando sus necesidades inmediatas».

LAS PERSONAS MAYORES, OTRO DEUDOR EN AUMENTO

Si ya vimos que la ignorancia convierte a muchos jóvenes en usuarios del crédito sin control, sin embargo, del otro polo nadie habla, y éste es nada menos que las personas mayores, en un gran número jubilados, algo que trajo a mi atención la doctora Belisa Lozano–Vranich, asesora financiera de jóvenes de la universidad Fordham, en Nueva York, y quien asegura que las afirmaciones de Rosita Rapoport, madre de Mauricio Zeilic, fueron visionarias acerca de la amenaza de que por las deudas en que incurren sin conocimiento alguno, miles de consumidores en la edad de la vejez pueden terminar sus días sin dinero.

«Eso es algo que va más allá del temor y que ha quedado documentado por las estadísticas. Después de su jubilación, más y más estadounidenses basan su supervivencia en sus tarjetas de crédito. De esta forma, la gente de sesenta y cinco años de edad y mayores han aumentado sustancialmente su deuda en comparación con lo que sucedía en el pasado. En 1992, lo que una persona retirada debía en sus tarjetas de crédito era un promedio de $2,143. En el año 2001, esa cantidad promedio se duplicó y llegó a los $4,041 por persona, cifra que, como siempre hago notar cuando de estadísticas se trata, significa que habrá quienes deban el doble».

En todo esto, sigue y seguirá mediando el factor que más afecta a los hispanos por la forma en que tradicionalmente hemos sido criados: el silencio y la vergüenza a que los demás piensen que nos "falta un tornillo", porque no sabemos cómo controlar el uso de nuestro crédito, ni cómo pagar lo que debemos. En realidad, con los años, la terapia y mucha información he aprendido que lo único que puede romper el ciclo de la ignorancia es vencer el temor de hablar y buscar ayuda. Aquí no hay excusas de no tener dinero para hacerlo, porque hay un mundo de posiblidades en sus manos. Mi filosofía para perder la vergüenza de hablar es bien sencilla: ¿Pena por pedir consejo? ¿Yo? ¿Por qué? Pena y vergüenza debe dar si se sigue callado y sin encontrar una solución. A fin de cuentas, piense que nadie nace sabiendo . . . y que siempre será de sabios reconocer que se ha vivido en el error para enmendar el camino. ¿O no?

PARA RECORDAR:

- Pagar a tiempo lo convierte únicamente en un "buen deudor" y, por lo tanto, sujeto de más crédito.
- El famoso "pago mínimo" no significa pagar las deudas de una tarjeta de crédito, única y verdaderamente al mínimo de los costos de operación y el principal de su crédito.
- Los cargos por "pago tardío" o *late payment* o por sobrepasar su "límite establecido" han aumentado un 300 por ciento.
- Las personas mayores de edad, a partir de los sesenta años, se han convertido en deudores potenciales, poniendo en peligro su estabilidad financiera en la vejez.
- No tenga miedo de preguntar, ni de reconocer que no sabe los términos básicos de una tarjeta de crédito. NADIE nace sabiendo.

- Tenga presente que haciendo el pago mínimo, una deuda de hasta cinco mil dolares podría demorar más de diez años en pagarse.
- Recuerde que lo único que paga el principal de su deuda es si envía mensualmente una cantidad que vaya disminuyendo el total.

Capítulo 20

LA BANCARROTA:
OPCIÓN O DECEPCIÓN

Cuando la historia de Olga Cortés salió al aire en el programa *Aquí y Ahora,* de la cadena Univision, miles de compradores compulsivos se "pusieron sus zapatos". Su clóset, de acuerdo con lo que mostró en el reportaje de la periodista Teresa Rodríguez, estaba lleno de sus compras descontroladas con tarjeta de crédito. Recorriendo la hilera de ropa, zapatos y demás accesorios en aquella habitación, con artículos sin estrenar, donde todavía estaba puesta la etiqueta, surgía la pregunta: ¿Podía pagar todas esas deudas con su salario de especialista en la piel? La respuesta es sí y no. Sí, porque con un oficio que en ciertas épocas del año le rinde buenos dividendos, eso no era problema. No, porque el trabajo no era tanto durante otros períodos del año, lo que, aunado a problemas personales imprevistos, la llevaron a tener una deuda que aumentaba con los intereses y que sólo podría tener fin con un programa de manejo de deudas. Cuando la contacté para este libro y le sugerí la posibilidad, su respuesta me dejó fría: «No, señora, nunca lo haría, porque eso equivale a una bancarrota, y bancarrota . . . ¡Nunca en mi vida! Yo iré pagando como pueda, pero pagando».

Y es que la bancarrota, como asegura la asesora financiera Joanna Alcalá, de Consumer Credit Counseling Services, es una decisión tan tremendamente difícil y personal, que muchos la entienden como una solución desesperada cuando no hay más que hacer. Pero también es una opción de la que se ha abusado por las ventajas que produce, algo de lo que se han aprovechado ciertos deudores.

«Hay personas que, deliberadamente y a sabiendas de lo que eso significa, se llenan de tarjetas de crédito, utilizan todos los límites disponibles, compran auto, compran casa y después van y se declaran en bancarrota, porque a cambio de lo que lograron materialmente están dispuestos a soportar los diez años de castigo durante los cuales la ley los protege, para que no pierdan ni su casa ni el auto. Ése es el abuso en los espacios legales que nunca estuvieron diseñados para servir a quienes cometen sin lugar a dudas un delito premeditado que raya en el robo o el fraude», asegura Joanna Alcalá.

EL ÚLTIMO RECURSO

Los números horrorizan a partir de finales de los noventa, cuando un total de cuatro millones de bancarrotas fueron solicitadas. Para las organizaciones sin fines de lucro dedicadas a salvar deudores de la bancarrota, el abuso legal que se ha hecho de la figura jurídica les ha llevado a tener un capítulo especial dedicado a instruir a quienes piensan en la bancarrota como opción, para que lo conviertan en el último recurso, como afirma el experto Joe Zunzunegui:

«Hay razones legítimas para la bancarrota, pero antes, evitamos que se llegue a ese punto que dañará considerablemente la vida de quien lo decida, y por eso examinamos cada caso que nos llega, ofreciendo una serie de consejos: primero vemos si hay otras opciones, cómo obtener el dinero para pagar y que venga de otras fuentes, cómo conseguir un empleo de tiempo parcial, si un familiar puede ayudar a pagar el dinero o si el deudor tiene algo de valor que se pueda vender para evitar el proceso. Les presentamos todos los casos y sus ventajas o consecuencias. En una agencia que se dedica a este tipo de orientacion, nunca le decimos a los clientes lo que tienen que hacer o lo que no tienen que hacer, siemplemente les ofrecemos las opciones que existen para tomar la mejor decisión. CCCS tiene un programa para orientar sobre las bancarrotas, donde los referimos a quienes, por experiencia, sabemos que son extraordinarios abogados para guiarlos en el proceso, si ésa fue la decisión».

La historia a continuación pertenece a un conocido cuyo nombre debo de guardar en el anonimato. Hoy es un ejecutivo exitoso, alguien de carne y hueso, y quien luego de saber y sufrir las consecuencias de haberse acogido a la ley de bancarrota, en medio de deudas que no pudo pagar, tiene un puesto que podría dañarse de conocerse publicamente esa parte de su pasado financiero.

«Los acreedores me perseguían día y noche, y luego de analizar mis opciones, en realidad el único camino disponible que tuve fue declararme en bancarrota, para salvarme. La sola palabra BAN-CARROTA me producía de inmediato toda una serie de síntomas difíciles de diagnosticar. Sí, fue un alivio dejar de golpe todas las deudas que me perseguían, pero era algo que nunca había sucedido a mi alrededor. Mi familia, comenzando por mis padres, nunca lo hubieran hecho. En mi caso, el mundo comenzó a desmoronarse a mi alrededor, cuando por razones económicas en mi empleo comenzaron a recortar personal y yo, con un trabajo bien pagado que me permitía llevar una buena vida, tuve que salir. Por supuesto que mis ahorros en el banco no pasaban de quinientos dólares, porque todo lo gastaba; así, de pronto me encontré donde nunca imaginé estar: desempleado y sin dinero. Duré un tiempo haciendo trabajos de tiempo parcial con lo que apenas si cubría mis necesidades elementales, hasta que las cosas llegaron a un punto en donde no tuve más que acogerme a la ley de bancarrota, con todas su consecuencias, en lo que fue verdaderamente el último recurso, luego de ser dolorosamente evaluado».

Esto es algo que no entiende Marisa Venegas, productora en jefe del programa *Aquí y Ahora,* y quien es el epítome del control financiero: «Me ha tocado aconsejar a mis amigas, las pocas que se han sincerado sobre la bancarrota y sus posibilidades y que han roto el tabú de hablar abiertamente de un tema que no se toca siquiera con la pareja. Lo primero que les digo es que eso no es una opción, por las repercusiones tan graves que tiene para el crédito. Pienso que, sin importar el tamaño del problema, finalmente uno tiene responsabilidades y hay que pagar. Por ejemplo, quien dice seguir endeudado por los prestamos de estudiante, de antemano le respondo que cuando los recibieron sabían que tendrían que cumplir con esa obligación. Yo hice mis estudios universitarios con préstamos y pagué todo, hasta el último centavo. Creo que el crédito y pagar las deudas son asuntos de honor e integridad».

OPCIÓN O ¿DECEPCIÓN?

De acuerdo con los expertos, lo primero que debe hacer un deudor en problemas y que piensa en la posibilidad de la bancarrota, es entender perfectamente que la bancarrota es un récord de orden público al que cualquiera que investigue sobre una persona tiene acceso, y que por ley ese récord se mantendrá durante por lo menos diez años en el expediente. Esta marca afecta principalmente cuando se busca empleo. Últimamente, los patrones o empleadores para los llamados empleos de "cuello blanco", básicamente empleos en oficinas corporativas, bancos, financieras y especialmente empleos de gobierno, solicitan esta información para otorgar el puesto. Ahora, a diferencia de hace una década, todos quieren saber el pasado del aspirante a empleado. Quieren saber si dice la verdad o si tiene debilidades que pueden convertirse en un riesgo para el puesto que quiere tener. Un importante empleado federal destacaba el hecho de que, especialmente cuando se solicita trabajo en dependencias como Aduanas, Inmigración, la Patrulla Fronteriza y los cuerpos policíacos en todas sus especialidades, el pasado financiero es crucial: les muestra hasta dónde un solicitante puede meterse en problemas si alguien le ofrece tentaciones económicas para obtener favores ilícitos. Más claro: un individuo en bancarrota presente o pasada, un individuo con compulsiones a comprar y con múltiples deudas, no es un sujeto confiable para un puesto gubernamental que tenga el riesgo de recibir sobornos. Investigar esos datos es fácil: ante eso no hay forma de esconderse y la recomendación de las oficinas que investigan clientes es una y contundente: no mienta innecesariamente, tratando de ocultar la bancarrota, porque es lo más sencillo de investigar. Cuando el aspirante a un empleo no da la autorización para investigar su pasado financiero, de inmediato se sabe (o por lo menos se sospecha) las razones, y por consiguiente, sin más lo deshechan.

LOS CASTIGOS

Mi amigo, el ejecutivo hoy libre de la bancarrota, supo en toda su gama lo que fue sufrir en carne propia los diez años de sobresaltos producidos por el castigo.

«Durante ese tiempo sentí muchos terrores que me persiguieron desde el día en el que legalmente me acogí a esa opción. No sólo era el temor de no tener un buen empleo, lo que para muchos es un estigma. También las condiciones terriblemente caras en las que uno finalmente termina pagando los artículos básicos, si es que alguien te da crédito. Lo más sencillo, como rentar casa o apartamento se vuelve una pesadilla, porque la marca de la bancarrota aparece en tu récord y no hay casero o *landlord* que quiera meterse en problemas con un deudor en esos términos, sin entender que no todos hacen las cosas mal a propósito y, finalmente, si al cabo del tiempo necesitas cambiar el auto, los intereses son de por lo menos ¡el 13 por ciento!»

Y la ley aplica otro castigo más: luego de haberse acogido bajo la protección de la bancarrota, no se puede solicitar préstamo hipotecario para una casa o habitación ¡hasta pasados dos años de haber terminado de pagar las deudas!

Por eso, si al final decidió por sus razones no pagar y acogerse a la protección de la bancarrota, no olvide el fondo y la esencia que afectará su vida económica futura: *La bancarrota es una decalaración pública de que un individuo tiene un descontrol total en sus deudas y que no puede controlarse para comprar.* Sin adornos, ése es el mensaje.

PARA RECORDAR:

- Antes de acogerse a la protección de la bancarrota, estudie sus opciones. Las agencias gubernamentales, las bibliotecas, las organizaciones *non–profit,* como Consumer Credit Counseling Services o la NFCC (National Foundation of Credit Counseling: 1-800-355-2227), tienen información suficiente y gratuita y además le pueden recomendar al mejor experto legal a su alcance.
- Hay que explorar otras opciones de pago a los deudores antes de tomar el paso. Éstas podrían ser: tener un trabajo adicional de tiempo parcial, pedirle el dinero a un familiar o vender objetos y propiedades que produzcan dinero para el pago de la deuda.
- La bancarrota es un récord público al que cualquiera que investigue sobre una persona tiene acceso.

Continúa en la siguiente página.

- Permanece por lo menos diez años en el expediente crediticio de una persona.
- Los patrones o empleadores cada día utilizan más la investigación del pasado financiero de un posible empleado antes de darle el puesto.
- Si ha estado en bancarrota y va a solicitar empleo, no lo niegue, que eso de cualquier forma va a salir en su récord y le restará la oportunidad de tener el puesto por haber mentido.
- No olvide que el mensaje es: quien se acoge al beneficio de la bancarrota está declarando públicamente que tiene un descontrol total en sus deudas y que no tiene el control necesario para pagarlas.
- Finalmente, siempre recurra al consejo de un experto en el tema, localizándolo por medio de referencias y no sólo por publicidad.

Capítulo 21

MANEJANDO SU DEUDA

Por un momento, los números, las cifras y los datos son tantos que uno cierra los ojos y se pregunta: ¡Un momento!, pero . . . ¿cuándo comenzó este desastre? ¿Quiere saberlo? Unos dicen que hace cuarenta años, los más conservadores aseguran que hace treinta años. De entonces a la fecha, las cosas han cambiado de manera drástica, al grado de que, a partir del año 2,000, un promedio de un billón y medio de solicitudes son enviadas por correo para atraer a nuevos cuentahabientes. ¿Entendió la cifra? Por si no, aquí la tiene: 1,500 millones de aplicaciones para abrir más tarjetas de crédito. Lo que significa que habrá más gente en deuda, mientras otros desesperadamente tratan de salir de ellas.

El asunto es tan complicado, que cuando veo al pasado y examino la forma en que encontré el camino para iniciar el programa de manejo de deudas de Consumer Credit Counseling Services, sé qué fui afortunada en comparación a otros que caen en los peores esquemas del fraude, tratando de reconstruir sus vidas. Llegué como reportera y el resto lo hizo mi buena suerte, pero desgraciadamente ése no es el caso de miles.

LAS ORGANIZACIONES SIN FINES DE LUCRO

La mayoría de los negocios que prometen el programa de manejo de deudas se anuncian como filántropos dentro de un negocio que atrae a la gente que busca desesperadamente ayuda. El señuelo más común es promoverse bajo el lema de *non–profit* o "sin fines de lucro", que de inmediato da la apariencia de una organización caritativa, cuando distan mucho de serlo, lo que da confianza al deudor. Estudios del gobierno, por el contrario, han advertido a los clientes que ese tipo de etiqueta en muchas agencias es para evadir las leyes, tomar ventaja y, finalmente, forma parte de un esquema fraudulento.

QUÉ ES UN PROGRAMA DE MANEJO DE DEUDAS

Mientras, la industria de los préstamos de "segunda hipoteca" ha florecido con una clase especial de clientes —aquellos que quieren consolidar sus deudas— al margen, ha crecido otro negocio: el de la consolidación de deudas que prácticamente se anuncian por todas partes con campañas millonarias que atraen incautos. ¿Este tipo de publicidad equivale a que sus servicios sean genuinos? ¿Cómo escoger a quien en realidad ayude? Los caminos son varios. Inicialmente, a través de la sucursal de Better Bussiness Buro, o de la National Foundation of Credit Counseling, www.nfcc.org. También en la Association of Independent Consumer Credit Counseling Agencias, www.aiccca.org, y, por supuesto, en las sucursales de la agencia Consumer Credit Counseling Services, que recibe beneficios de la organización United Way. Estas entidades pueden referirle a entidades de reputación sólida en su área.

De acuerdo con el plan que recibí de CCCS, en el programa de manejo de deudas los clientes nos comprometemos a pagar a la agencia una cantidad de dinero mensual que, a su vez, ellos utilizan para pagar nuestras obligaciones. Éstas previamente fueron analizadas con cada uno de los acreedores, quienes acordaron perdonar o reducir los intereses y los recargos. En retribución, las compañías dan a quienes hacen el trámite un porcentaje de lo que recuperan como pago.

SIGNOS DE PREOCUPACIÓN

«En un programa honesto —aclara Joe Zunzunegui de CCCS—, no hay presión al cliente para firmar un contrato. No se le piden contribuciones ni cargos que inflan la deuda; por el contrario, con nosotros el pago mensual es realmente bajo y por otra parte, jamás influiremos en alguien sobre qué hacer, simplemente le presentaremos las opciones y los hechos».

MENTIRAS MÁS COMUNES

En infinidad de historias con final fraudulento las agencias se quedaron con los pagos, es decir no los enviaron. Tampoco acordaron con los acreedores el pago de ninguna deuda y no estipularon al cliente el tiempo que les llevaría terminar de pagar, algo que desde el principio es específico. Además de todo, el pago por "contribución caritativa" *(charitable donation)* asciende a cientos de dólares.

QUÉ EXIGIR DE UN CONSEJERO DE CRÉDITO

La lista es larga pero debe ser *prioritaria* al escoger ayuda. Debe:

- verificar si pertenece a las dos grandes organizaciones de asesoría de crédito.
- comprobar su entrenamiento en la materia.
- exigir por escrito la lista de deudas que negociaron con el acreedor.
- el tiempo que llevará pagar la cantidad total.
- asegurarse de que el programa de manejo de deudas incluya TODAS sus deudas, sin excepción.

¿Por qué esta aclaración? Bueno, porque un gran número de agencias sin escrúpulos toman unas cuentas y desechan otras. Es decir, aceptan las que, de antemano, saben que son fáciles de reducir y dejan de lado otras, con lo que no están dando una solución total, sino parcial. Joanna Alcalá pone énfasis en que una agencia como CCCS negocia incluso deudas de médicos y hospitales, y las que son resultado de litigios. Finalmente, utilice el sentido común al escoger. Desconfíe de quien le ofrezca sus servicios para salir rápidamente y sin esfuerzo de una deuda. Es demasiado bello para ser cierto.

NEGOCIANDO POR SÍ MISMO

Siempre podrá existir la posibilidad de lograr negociar por sí mismo. Renán, a quien debo el cuidado de mi imagen en su salón Avant Garde de Coral Gables, en Miami, y quien es uno de los grandes estilistas de los Estados Unidos, tiene su fórmula personal. Cuando en un momento, las tentaciones por comprar aumentaron su deuda de tarjetas de crédito, él tomó la solución en sus propias manos:

«Yo mismo corté todas las tarjetas que tenía, investigué mis saldos para no tener una sola sorpresa y decidí pagar todo para no deber absolutamente nada. Aprendí que los intereses comen, que las deudas suben y que no hay por qué vivir con la presión de tener que pagar grandes sumas. Pedí una segunda hipoteca en una de las propiedades y con eso liquidé las cuentas. En todo esto, es muy importante tener el control absoluto de las finanzas y de los propósitos, porque en el caso de la segunda hipoteca para consolidar los pagos, si no se utiliza para lo que originalmente se pensó, entonces lo que sucede es una locura que deja a la persona en problemas aún más graves y hasta sin casa. En mi caso, yo soy extremadamente organizado y por tanto, la meta de liquidar las deudas la cumplí. Con eso me sentí millonario, porque en esta época, serlo no es tener millones en el banco; para mí ser millonario es no tener deudas».

Su caso es ideal porque no tenía acreedores ni pagos atrasados ni problema para poder pagar su deuda total, algo que no sucedía con Alex Bosschaerts: «Yo me metí en deudas porque con un salario pequeño cuando comencé a trabajar en la televisión, utilicé mis tarjetas para vivir un año. Llegó el punto en que me vi metido en un problemón y decidí tomar el "toro por los cuernos". Solito, corté mis tarjetas y llamé a las compañías una a una para negociar con ellas el pago. Haciendo mil sacrificios mensualmente liquidé todo lo que debía en un año. Después decidí nunca más deberle nada a nadie. Tengo tarjetas pero no las utilizo. Desde que terminé de pagar vivo más feliz, abro el correo sin miedo a leer las cartas y aprendí una lección que me costó muy cara y que sigo pagando por mi error de no haberme controlado al gastar».

En CCCS, sin embargo, advierten del lapso de pago de deuda. Con un programa estructurado de manejo puede ser de cuatro a cinco años. Autonegociando podría ser hasta de veinte años. Así que ya sea por usted o con la ayuda de otros, ¡manos a la obra!

PARA RECORDAR:

- Verifique si, verdaderamente, son agencias certificadas para el programa de manejo de deudas.
- *Non–profit* puede ser un señuelo de fraude. Verifique la cantidad que pagará por sus servicios.
- Pida a agencias como la National Foundation of Credit Counseling, www.nfcc.org, la Association of Independent Consumer Credit Counseling Agencias, www.aiccca.org y Consumer Credit Counseling Services, que le recomienden asesoría responsable en su área.
- Tenga cuidado del fraude más frecuente: la agencia no paga al acreedor, no acordaron el pago de ninguna deuda a su nombre, no le aclararon el tiempo específico que tardará en liquidar la deuda.
- Preste atención a las señales de peligro. Le presionan para que firme un contrato, no le dan por escrito lo que piensan lograr, seleccionan unas cuentas y desechan otras y toman el primer pago de su acuerdo para ellos.
- Recuerde que en un buen programa de manejo de deudas el cliente se compromete a pagar a la agencia una cantidad mensual que será utilizada para ir liquidando el adeudo previamente acordado con los acreedores, quienes anteriormente ya perdonaron o redujeron cargos e intereses.
- Y finalmente, piense en lo que Renán repite: en esta época un millonario es aquél que no tiene una sola deuda.

Capítulo 22

LOS "LIMPIA CRÉDITO"

¿Existe realmente quien sea capaz de hacer semejante acto de magia, es decir, desaparecer por completo y para siempre la "mancha" en el expediente de crédito de una persona? ¡Ja, ja! Para muchos puede ser de risa; para otros, es simplemente otra manera de convertirse en una víctima más de un fraude millonario.

El riesgo enorme en el mercado cuando han proliferado los negocios que ofrecen limpiar el crédito de una persona es que éstos no sean del todo honestos y la gente caiga en trampas que no descubren hasta ver firmados los papeles que los comprometen. Los signos de peligro vienen primero con las FALSAS PROMESAS.

SIMPLEMENTE MENTIRAS

Quien diga que "limpia" la reputación crediticia de una persona que ha fallado en cumplir con sus obligaciones de pago, miente. De acuerdo con la ley, un mal reporte de crédito permanece en los archivos de las compañías que se consultan sobre tal materia durante por lo menos siete años. ¿Qué hacen quienes prometen un servicio semejante? Utilizando el mismo sistema de los negocios que cometen fraudes al consolidar deudas, los que reparan el crédito se promocionan como *non–proft, charitable organization,* o lo que ante los ojos del deudor les convierte en benevolentes e humanitarios. Grave error si no se verifica ese. La primera pregunta es: ¿A cuánto ascenderán los cargos por sus servicios? Si la respuesta es vaga, algo así como "únicamente una contribución voluntaria", insista entonces en saber específicamente de cuánto es la "contribución voluntaria"; si es un pago único o si se pagará mensualmente. De escuchar evasivas, ése será el primer signo de alerta.

QUÉ SIGNIFICA *DISPUTE*

Alex Bosschaerts, mi "hijo periodístico" del *Noticiero Univision Fin de Semana,* por errores de estudiante incurrió en deudas que finalmente lo obligaron a negociarlas por sí mismo. Esto le causó algunos reportes deficientes en su historia de crédito. Con el tiempo, saldadas las deudas, decidió recurrir a quienes le aseguraron que limpiarían su crédito.

«En verdad es un mercado donde, al parecer, la competencia es por cometer fraude con quienes están desesperados o simplemente quieren poner su vida económica en paz, como era mi caso. Investigué por todas partes y encontré todo tipo de negocios dudosos. Finalmente, por la Internet, y con referencias de amistades y familiares, encontré varias agencias que, luego de responder a un severo cuestionamiento de mi parte, me satisficieron. Lo importante es entender la forma en que legalmente pueden proceder a nuestro favor y qué es lo que no pueden hacer. En mi caso, en la firma de abogados Lexington Law, desde el primer momento la correspondencia y las llamadas fueron atendidas en forma profesional y rápida, lo que me inspiró confianza».

¿MÉDICOS DE DEUDAS?

De acuerdo con Alex Bosschaerts, hay condiciones especiales entre quienes son efectivamente "doctores para sanar deudas".

«Por una suma moderada al mes revisan las posibilidades y pelean ante las tres grandes oficinas *(bureaus)* de crédito (Equifax, Trans Union y Experian) el retiro de esas "marcas" que afectan el historial de crédito. Para esto utilizan el recurso legal llamado *dispute*. Esto significa que por carta cuestionan las anotaciones por pagos retrasados o *late*. Legalmente, las agencias crediticias deben retirar del expediente del consumidor esas malas marcas mientras se encuentren en *dispute*. Las oficinas de crédito contactan entonces al acreedor para que aclare la situación y le dan un plazo de sesenta días para hacerlo. Muchos responden, pero la mayoría no lo hace porque, en caso de cuentas con años de anterioridad, muchos negocios han cerrado y por tanto ya no hay archivos. Al no obtener respuesta, automáticamente la oficina se ve obligada a retirar permanentemente la anotación. En el caso de un negocio honesto, uno recibe mensualmente un reporte de cómo avanza el caso».

Joanna Alcalá, de Consumer Credit Counseling Services, sin embargo advierte sobre el fraude que los "malos" del negocio comenten cobijados en el procedimiento.

«Quienes hacen las cosas bien, es decir los que son honestos, son pocos. La mayoría de los que han florecido, amparados en que no hay leyes para castigar el delito de fraude por este renglón, se dedican a engañar al cliente, haciéndole creer algo que no existe. Legalmente hacen la disputa a la oficina de crédito, ésta les responde y, de acuerdo a la ley, retira temporalmente la anotación negativa hasta que el acreedor aclare la situación. Los fraudulentos posteriormente envían copia de esa carta a su cliente, haciéndole creer que ya le borraron estas manchas y no es cierto. Lo que la persona ignora es que, si pasado el tiempo legal, el acreedor responde y se prueba que el deudor, efectivamente, estaba retrasado en sus pagos o simplemente nunca los hizo, las oficinas de crédito vuelven a colocar la "mancha" sin que la persona lo sepa, hasta que al solicitar un crédito se den cuenta de que ésta sigue ahí».

Pero hay más cosas y con alcances más graves.

CREANDO UNA NUEVA IDENTIDAD

No, no, no, no tuerza la boca . . . ¡hay más gente de la que usted imagina que cree semejante historia! La mayoría de quienes entrevisté y quienes se habían cobijado bajo la bancarrota, son los primeros en recibir cartas ofreciéndoles "una nueva vida", con la que no sólo pueden esconder su pasado oscuro, sino también crear una nueva identidad de crédito donde la palabra "bancarrota" no existe. Ésas y los deudores morosos incorregibles son sus víctimas.

Mi amiga Gabriela Tristán, productora del *Noticiero Unvision Fin de Semana* y constante colaboradora de mis libros, me habló de un reportaje que podríamos preparar sobre el fraude más común al limpiar el crédito. Cuando me mostró su investigación, quedé con la boca abierta: era asunto de ser audaz y no tener miedo a nadie.

—Les prometen un nuevo número de identidad.

—Imposible —le respondí.

—Tal y como lo oyes. Las víctimas caen por el espejismo de que esas cifras, de un plumazo, borren su oscura historia.

UN "NUEVO" NÚMERO DE SEGURO SOCIAL

Gabriela Tristán tenía razón. La modalidad de este fraude es sencilla y de graves consecuencias. Usted decide aceptar una "nueva" identidad. Contrata los servicios de la agencia que se lo ofrece y allí le piden que solicite al Internal Revenue Service (IRS) un número de identificación de empleado, el Employer Identification Number (EIN). Este número se utiliza para reportar información financiera de negocios, tanto al IRS como al Seguro Social, y puede ser considerado, por tanto, una segunda identificación de la misma persona, lo que saben los defraudadores. Una vez que el IRS envía al contribuyente ese número, los "limpia crédito" asesoran al cliente a que utilicen el EIN cada vez que solicite un crédito en donde tengan que dar el número de seguro social. Al mismo tiempo recomiendan utilizar nueva dirección y algunas referencias de crédito que puedan ser favorables.

SIMPLE Y LLANAMENTE SE LLAMA FRAUDE

Convencer a una persona de establecer una nueva identidad va contra la ley, es fraude y debe ser analizado cuidadosamente por el cliente de esas agencias que, supuestamente, reparan el crédito y que están ofreciendo la opción, porque el resultado a corto o largo plazo es el mismo: el individuo termina con el crédito totalmente arruinado y, de paso . . . con cargos federales por fraude. Probablemente aquí se esté preguntando: ¿Cómooo? Bueno, muy claro. Es ilegal solicitar préstamos, hipotecas, tarjetas de crédito y todo tipo de operaciones con un número de seguro social que se consiguió mintiendo y por tanto no es el verdadero. Como si eso fuera poco, obtener un número de EIN con información fraudulenta es un delito penalizado por las leyes federales.

¿CÓMO SE CASTIGA?

Sencillísimo: Con cár–cel. Si quien le va a dar un préstamo o un crédito descubre esta situación en su solicitud, será reportado a las autoridades correspondientes y puede ser acusado legalmente. En un proceso en la corte, el juez determinará la forma en que se cometió el delito. Si la solicitud fue enviada por correo al IRS, esto cae dentro del rango de "fraude por correo". Si por el contrario, la solicitud fue hecha por téléfono, entonces el fraude es a las vías de comunicación. Nunca olvide y menosprecie a una dependencia federal tan estricta como es el IRS, que tiene todo documentado para exponer a quienes violan la ley como ejemplo a castigar. En promedio, las penas por este tipo de fraude son de por lo menos dos años en prisión.

USTED TIENE DERECHOS

Lo protege una ley llamada The Credit Repair Organizations Act, que obliga a los negocios dedicados a eso a decirle al cliente sus derechos, entre éstos, que deben presentarles por escrito un contrato con lo que harán para reparar el crédito y el tiempo que tomará, así como el costo del servicio y si hay alguna garantía de que esto suceda. También, por ley, deberán explicarle que tiene tres días para cancelar ese contrato con ellos, en caso de que decida no utilizar sus servicios.

Si le urge volver a establecer el crédito, piense que, dependiendo del acreedor, el tiempo de espera puede ser menor a los diez años con los que la bancarrota castiga al deudor. Hay cosas que no valen la pena. La última palabra siempre será la suya. Evalúe fríamente los riesgos de lo que va a hacer. Después . . . ni quejarse será bueno.

PARA RECORDAR

- El crédito no se repara, únicamente se "disputa" con las agencias investigadoras.
- Si decide recurrir a un negocio que promete arreglar su historia de crédito, exija por escrito lo que van a hacer, el tiempo que llevará y los costos.
- Firmado el contrato, por ley tiene tres días para cancelarlo.
- No acepte sugerencias de obtener ilegalmente un EIN (Employer Identification Number) para utilizarlo en lugar de su número de seguro social. Eso es fraude.
- No solicite préstamos, hipotecas o tarjetas de crédito con el EIN. Esto también es fraude.
- No existe quien pueda borrar las secuelas de una bancarrota de una historia de crédito. Unicamente el término de diez años. Pasado este tiempo, usted puede solicitar que se lo retiren de su expediente.
- No olvide que si hay una dependencia rígida en cuanto a perseguir legalmente y castigar a una persona, ésa se llama IRS. Cualquier fraude contra ellos por teléfono o por correo simplemente es igual a por lo menos dos años de cárcel.

Capítulo 23

DETENGA A QUIEN LE ACOSA

Cuando muchos me preguntan cuales son los recuerdos más difíciles de una adolescencia sin recursos económicos, se equivoca quien piensa que fue no tener ropa, comodidades o dinero. No. De eso no me avergüenzo. Lo que me marcó positivamente hasta el día en que muera son aquellos acreedores que llegaban a casa a cobrar a toda hora mientras mis padres no tenían un sólo peso para pagar e inventaban las excusas más inverosímiles.

Apenas pude ganar mi propio dinero y por tanto me hice de mis propias obligaciones, me juré (a pesar de ser pecado) que NADIE vendría a las puertas de mi casa, ni me llamaría por teléfono o me escribiría para cobrarme un sólo centavo. En ese juramento estaba incluido que mis hijas jamás nunca vivieran la vergüenza de los cobros o de ser lanzadas de la casa donde vivían por falta de pago como nos sucedió a nosotros cuando niños. Y que nunca les haya sucedido es uno de mis grandes orgullos.

Sólo el que lo ha vivido sabe lo que es la pesadilla, pero como el episodio ocurrió en México y durante la decada de los sesenta y setenta, eso, comparado a lo que se vive hoy en los Estados Unidos, es un cuento de Blanca Nieves.

LA INDUSTRIA DEL ACOSO

Cinthia Lacey representa a millones que viven el drama diariamente en los Estados Unidos. Ella y su esposo, padres de dos niños, se habían endeudado con trece tarjetas de crédito y una deuda cercana a los $13,000.

«No estábamos mal, pero sorpresivamente mi esposo perdió el trabajo y ahí vino nuestra pesadilla. Los acreedores llamaban a todas horas persiguiéndonos sin misericordia. Lo peor era que la agencia de consolidación que tomó nuestro caso no fue muy clara en sus promesas y bueno, aquello resultó peor, pero en realidad lo único bueno que sacamos es que se detuvieron las llamadas de los acreedores que habían convertido nuestra vida en un infierno».

La mayoría de quienes son víctimas de agresión en el cobro reportan miedos y angustias en las actividades más sencillas como abrir el correro diario. A grandes rasgos, la presión que inyecta un cobrador especializado en una agencia dedicada a recuperar el dinero que no se paga es una tortura.

¿HAY ALGO QUE HACER?

¡Por supuesto que sí! En 1977 el congreso aprobó lo que en inglés se llama The Fair Debt Collection Practices Act (ley de prácticas para el cobro justo de deudas) que se convierte en su mejor arma contra los cobradores abusivos.

Los cobradores utilizan la intimidación a todos los niveles y están entrenados de forma extraordinaria para detectar la diferencia entre un deudor ignorante y el que conoce sus derechos. Ellos saben tomar ventaja de aquellas personas que se lo permiten.

CÓMO DEBE SER EL COBRO

De acuerdo a la ley, un acreedor o sus agentes pueden contactarlo en persona, por correro, por teléfono, por telegrama o por fax. NO PUEDEN hacerlo en lugares y a horas inapropiadas, esto es, antes de las ocho de la mañana o después de las nueve de la noche. La mayoría llama también al lugar de trabajo, pero generalmente dejan de hacerlo si se les hace saber que eso no es permitido ahí.

CÓMO DETENER EL ACOSO

La mayoría de los deudores decidieron rápidamente entrar en programas de manejo de deudas o contrataron los servicios de un abogado cuando los acreedores arreciaron los intentos de cobrar la deuda. Lo que sucede es que según la ley, de inmediato el cobrador tiene que detener las llamadas al deudor y dirigirse a su abogado o a la agencia de manejo de deudas para arreglar el pago.

LA LEY ES CLARA

Un cobrador no puede utilizar lenguaje obsceno, grosero, utilizar repetidamente el teléfono ni amenazar con violencia. Es ilegal que un cobrador se presente como abogado o empleado del gobierno.

LAS AMENAZAS MÁS COMUNES

He escuchado las historias de cobro más tenebrosas. En los barrios mexicanos de Chicago o Los Ángeles, las agencias amenazan ilegalmente, con llamar a Inmigración. Una madre angustiada por las deudas, por no poder pagarlas y por tener encima a los cobradores, sorpresivamente con tuvo respuesta lógica que detuvo a quienes saben que están obrando fuera de la ley. «Cuando la cobradora me amenazó con llamar a la "migra" porque ahí tenía un amigo que iría rápidamente a mi casa si ella lo llamaba, furiosa le dije: hazlo, pero hazlo rápido, que si me sacan de acá, ni un peso vas a cobrar». Situaciones similares son comunes porque las presiones son tan infinitas como la deuda misma. Sin embargo, hay otras que se repiten y pueden detenerse con el conocimiento de la ley. Es ilegal que un cobrador amenace con arrestarlo si no paga, es ilegal que se presente como empleado de alguna de las tres grandes oficinas de crédito de los Estados Unidos. Hay que entender que estas oficinas son para llevar los archivos de cada una de las personas que tiene crédito en el país, y NO COBRAN NINGUNA DEUDA, sólo las inscriben en cada expediente. Es ilegal que le envíen documentos con apariencia de correspondencia oficial sólo para confundirlo y también es contra de la ley amenazar con confiscar cualquier propiedad del deudor sin acción legal de por medio y sólo para infundir el miedo.

SI EL ACOSO CONTINÚA

Cuando la llamada es con insultos, la recomendación de los expertos es no pelear, sino simplemente colgar el aparato. Si continúa, pida ser transferido a un supervisor y dígale que usted conoce sus derechos bajo la ley llamada The Fair Debt Collector Act y que exige que detengan el abuso contra su persona. Si las agencias de cobro estan violando esta ley, usted requerirá de pruebas. De los cincuenta estados, treinta y cinco, y el Distrito de Columbia permiten grabar secretamente las conversaciones telefónicas, pero deberá documentar por escrito, la hora y el día de la llamada, lo que le han dicho y quien lo ha hecho.

La misma ley le da el derecho de pedirle a la agencia de cobro que detenga el acoso. No gaste su tiempo haciéndolo por teléfono, ya que de esa forma no existe evidencia alguna de que lo hizo y seguirán llamándole. Envíe una carta por correo certificado para tener prueba de que la agencia cobradora la recibió.

CÓMO DENUNCIAR EL ABUSO

Si encuentra que la ley de cobro justo de la deuda no está siendo aplicada correctamente o la agencia de cobro está violando sus derechos, siempre tendrá el recurso de denunciarlos ante las autoridades. Tendrá que presentar un reporte por abuso en el cobro de deudas en las oficinas locales de la procuraduría estatal donde reside y a la Comisión Federal de Comercio (www.federaltrade comission.org).

Aunque siempre tendrá que tener presente la condición más importante para recibir el beneficio de la ley: que escriba cartas y que denuncie abusos no le exhonera del pago de la deuda. Es decir, con malos o buenos modales . . . la deuda seguirá con sus consecuencias hasta que usted pague. Eso es otro cantar.

PARA RECORDAR:

- The Fair Debt Collector Act protege a todos los deudores de las prácticas injustas en el cobro de deudas.
- Nadie puede amenazarlo, insultarlo, acosarlo por una deuda y no puede hacerse tampoco en lugares y a horas inapropiadas. Deberá ser después de las ocho de la mañana y antes de las nueve de la noche.
- Lleve notas de las llamadas abusivas para cobrar su deuda, y si es legal en el estado donde reside, las grabaciones telefónicas serán una prueba más para denunciar el acoso.

- No responda a los insultos. Aclare a quien le llama que conoce sus derechos. Si el acoso continúa denuncie a las autoridades de la Procuraduría Estatal donde reside o a la Comision Federal de Comercio. (www.federaltrade comission.org).

Capítulo 24

TROPEZANDO CON LA MISMA PIEDRA

¿Acaso cree que el refrán era sólo coincidencia? ¡Pues fíjese que no! Después de mucho ver, sufrir, escuchar. . . . yo mismita volví a caer víctima nuevamente de las compras. Lo único cierto es que no volvió a suceder ni en la cantidad de dinero ni con la intensidad en que lo hice la primera vez. Pero volví a caer.

Fueron circunstancias ajenas que no pude controlar porque en su momento no me di cuenta de que estuvieran sucediendo, pero de cualquier forma fue una recaída con un resultado peligrosamente similar. Primero una cirugía en la familia que fue cargada a mi tarjeta de crédito en lugar de que quien la requería hubiera recurrido a un préstamo, puso una tarjeta al tope, otra emergencia médica con mi padre llenó otra, y, sí, unas vacaciones que nos tomamos y "que luego pago" llenaron otra. Nuevamente me aterré al darme cuenta de lo que me estaba sucediendo. Me castigaba pensando que yo era el único ser capaz de volver el camino con todo y la terrible experiencia de la deuda de $46,000 de años atrás. Claro que en esta ocasión ya no eran veintidós tarjetas de crédito, ¡pero con tres llegué a los $15,000! Por supuesto que

Fabio, al enterarse, gritó y despotricó con toda su alma cubana. «¿Có–mo–es–po–si–ble Collins? ¿Có-mooooooooo?»

Y yo sin saber ni entender lo que sucedía.

Nuevamente con la experiencia del pasado y mis multiples "asesores" pude enterarme que *recaer* es algo común y corriente en este tipo de adicciones similares a la droga, el juego, el alcohol y la comida, sobre todo después del primer año. Haber salido de las deudas y cumplir las metas fijadas no eran garantía de solución. ¡A mí nadie me lo aclaró! Claro que en ese punto ésa no era disculpa y por otra parte las cosas eran mucho mejor que cinco años antes: ahora tenía ahorros, algunas pequeñas inversiones y compraba muchísimo menos, pero aún así, el agua amenazó con subir al cuello.

Me martillaba y me volvía a martillar: ¿Qué había fallado tan gravemente para convertirme nuevamente en deudora? Ésa y otras preguntas me atormentaban hasta el cansancio hasta que me di cuenta de que no era la única, y quien menos imaginaba subió al mismo autobús de las deudas recurrentes para acompañarme: Coynthia Perez–Mon, la productora de quien hablo en el tercer capítulo y quien, cuando yo me encontraba sumida en deudas, me diera "envidia de la buena" cuando terminó de pagar las suyas. Años después, Coynthia y yo, trabajando juntas nuevamente, nos encontramos en la recaída. La de ella por numerosas razones que tuvieron que ver con una grave enfermedad de la que gracias a Dios salió adelante.

«En realidad todo había sido sin sentir. Así es como van sucediendo las cosas para volverte a endeudar: pones un poquito por aquí, pones otro poco por allá, después algo más por otro lado y total, que se arma el problema. Después con mi enfermedad por la que estuve sin trabajar casi un año recibiendo parte de mi sueldo como compensación laboral, sumado a los gastos de la casa y al descontrol por tantas cosas que sucedieron al mismo tiempo, de pronto Augusto, mi esposo, y yo nos dimos cuenta de que otra vez estábamos endeudados. De inmediato hicimos un alto para corregir el rumbo».

Poco tiempo después, platicando el tema con Sergio Urquidi, mi compañero en el *Noticiero Univision Fin de Semana,* me di cuenta que Coynthia y yo no éramos las únicas pasajeras en el autobús de las deudas. Sergio narró su experiencia para que sirva de ejemplo a quienes como nosotros están en el mismo problema. Su historia inicial con las deudas por el crédito comenzó en su juventud poco después de graduarse, como sucede a miles, cuando al margen de conseguir sus primeros empleos cayó bajo la seducción de quince tarjetas de crédito. . . .

«Inicialmente lo que pasó fue que en medio de un sueldo pequeñísimo de $20,000 al año, e ignorando todos los peligros que las tarjetas encerraban, yo me decía: "¿Para que son las tarjetas? ¡Pues para usarlas y para gastarlas". Eché a volar mi imaginación y junto con mi imaginación también mi cartera. Había llegado a trabajar a Chicago donde renté un apartamento de tres habitaciones cuando realmente no tenía ni para pagar un estudio, en fin, que todo esto, al parejo de gastar en las mejores tiendas, en los mejores muebles, en cuestión de meses todo eso me colocó en una deuda de ¡$50,000! Llegó el momento en que me pregunté, ¿qué he hecho? Todo esto en medio del sentimiento de culpabilidad por haber perdido la noción de la realidad en el punto donde me encontraba».

Estela de Urquidi, su madre, exitosa empresaria en Ciudad Juárez, México, y por tanto una excelente administradora, sin imaginar remotamente lo que realmente sucedía en el mundo financiero de su hijo, llegó a visitarlo a Chicago.

«Mi mamá me habló claro: al son de "¿Cómo es posible que hayas caído en tantas deudas si yo soy todo lo contrario y nunca compro cosas que no puedo pagar?" Con su habitual franqueza me puso los pies sobre la tierra. Y llegó a más, haciéndome ver que para salir del problema solamente tenía dos opciones:

"Te pago tus tarjetas de crédito pero te regresas a México y te pones a trabajar en el negocio de la familia o por el contrario lo haces por ti mismo pero no imagino cómo". ¿Regresar vencido por las deudas? ¡Imposible!, me dije. ¿Cómo iba a echar por la borda todos mis sueños de seguir incursionando en mi carrera? Rechacé su oferta y decidí poner punto final a la situación por mí mismo. Acudí a un banco donde entonces arreglaban las cuentas y con una cuota mínima de consolidación entré en un programa de manejo de deudas con las consecuencias de que durante siete años no tuve crédito. Entonces, literalmente sin nada, volví a empezar. Me las vi negras, porque nadie me quería dar crédito para nada, pero con el tiempo y cumpliendo hasta el último pago pude salir de aquella terrible primera experiencia por el descontrol en las compras. Juré entonces que nada igual me volvería a pasar».

Durante siete años Sergio pagó la deuda, pero tal y como a mí me sucedió, sin darse cuenta bajó la guardia, creyéndose recuperado de lo que es una adicción peligrosa.

«Creí que una vez pagadas todas mis tarjetas de crédito había aprendido la lección, pero realmente NUNCA la aprendes del todo. El peligro de volver a caer es latente. Te recuperas, sí, y no caes tanto como la primera vez porque uno aprende, pero de cura total, nada de eso, porque no existe especialmente por el mundo que nos rodea. Una vez que te has reestablecido y tan pronto como terminaste de pagar, no sé cómo, pero empiezan a bombardearte las tentaciones con nuevas ofertas que te llegan para abrir tarjetas de crédito».

EL EFECTO DOMINÓ

«Si no tienes fuerza de voluntad —continúa narrando Sergio Urquidi— ahí se inicia un efecto dominó y empiezan a caer las pri-

meras fichas para que después lo hagan todas las demás sin que
encuentres como pararlas. Hay que pensar que lo que nos sucede
es como en cualquier vicio. Por ejemplo, todos los que dejan el ci-
garro, si de repente les ofrecen uno y lo fuman, vuelven a caer. Así
somos los compradores compulsivos. Yo creo que la tentación de
comprar es como cualquier otra dependencia adictiva: hay que
evitar ir a las tiendas o pedir nuevas tarjetas. Intentar a cada momento aislar el peligro, pero la realidad, en la práctica de una sociedad de consumo, hacer eso no es nada fácil».

Al darse cuenta de que nuevamente había incurrido en deudas,
Sergio detuvo la situación, y se quedó sólo con una tarjeta que
paga mensualmente como único recurso para utilizar en caso de
emergencia, y pagó las deudas en que había incurrido.

LA TRAMPA DEL DINERO

Cuando más enojada estaba conmigo misma por las deudas recurrentes (y menos me las explicaba) apareció en mi vida un libro
que me recomendó la doctora Belisa Lozano–Vranich llamado
The Money Trap, o *La trampa del dinero* (Quill/HarperCollins-
Publishers), un título disponible sólo en inglés que me ayudó a
entender mejor lo que nos había sucedido a mí, a Sergio Urquidi,
a Coynthia Perez–Mon y a millones más (que a diferencia de
nosotros no tienen el valor de aceptar que están en deudas, ni
mucho menos que han recaído).

De acuerdo al autor del libro, Ron Gallen, un analista financiero de prestigiadas instituciones, entre ella Columbia University
y Cornell Medical College en Nueva York, ciudad donde reside y
dirige The Institute for Financial Health, la raíz de todo se encuentra en lo profundo de nuestro cerebro, donde está alojada la
adicción a las compras y al dinero. Dice Ron Gallen que eso sólo
se soluciona analizando y encontrando el problema de la forma en
que se pueda, principalmente a través de la terapia.

Segón Gallen, los compradores compulsivos en recuperación tratan de romper por ellos mismos el hábito pero es más complicado de lo que se imaginan. Luego de haber terminado una consolidación de deudas, existe una recaída porque esos programas son una cura para el problema, pero no son necesariamente una rehabilitación. Lo mismo sucede con un adicto a la heroína que entra a una clínica de recuperación donde le dan sustancias como la etadona para aminorar los síntomas mientras se intenta desterrar el vicio, pero sin borrar, ni lejanamente, la adicción de forma permanente.

CONSOLIDACIÓN O MANEJO DE DEUDAS NO ES LA CURA

Si hay una frase clave, ésa es la que mejor describe la recurrencia en la que caemos. Al igual que con la comida, con la compulsión por comprar, el salir de las deudas en que caímos al costo de sacrificios no significa cura... ¡nunca jamás! Por el contrario, de acuerdo a Ron Gallen, el principio de la solución es la claridad y la honestidad en lo que sucede.

«Cada uno tiene una voz interior que cultivar, pero antes de comenzar la recuperación financiera hay que dejar en claro que no todo está alrededor del dinero, sino de saber donde están y cómo controlar nuestros hábitos autodestructivos que sin lugar a dudas son otros más. Ése es el verdadero punto».

Sin saber las teorías del maestro Ron Gallen, Coynthia Perez–Mon, Sergio Urquidi y yo emprendimos en su momento, con nuestros propios medios, la recuperación, metiendo freno inmediato a los dispendios peligrosos. Sin saberlo entonces, y de acuerdo a nuestra vida diaria, los tres hicimos lo que Gallen recomienda en su libro: regresar de inmediato a pagar con dinero en efectivo, suspender el uso de las tarjetas de crédito, (que desencadenan compulsiones en compradores como nosotros) y hacer un presupuesto para volver a pagar las deudas y otro presupuesto de gastos.

Personalmente, el libro *The Money Trap* me hizo racionalizar mi verdadero problema: al parejo de mi adicción a comprar sin control, en mi cerebro se encuentra la peor de mis compulsiones sin solucionar: la de la comida.

TROPEZANDO CON LA MISMA PIEDRA

Sí, he escrito libros de dieta, he controlado en un ochenta por ciento el problema . . . , pero sé que ni lejanamente estoy curada. Que tengo ese monstruo en mi cerebro. Y en el proceso de pagar mis deudas aprendí que una compulsión inconscientemente descontrolada desata la compulsión por comprar o viceversa. Me explico mejor: la compulsión por comprar desata también mi compulsión por comer, y mientras no solucione la del dinero, las demás seguirán latentes.

Hoy tengo más claro que nunca que el hombre es el único ser viviente que tropieza dos veces con la misma piedra y que en esta lucha diaria por no gastar . . . el dinero y la compulsión a comer empujan a una crisis porque son mis sustancias adictivas, tal y como para otros es la cocaína, la marihuana o el alcohol.

¿Qué nos queda entonces? En mi caso, soy obsesiva, sí, pero también debo observarme, y vigilarme para no entrar en la zona de peligro hasta que Dios quiera, peleando sin descanso contra el mal hábito de gastar dinero, para que éste eventualmente se vaya de mi vida. Para hacerlo hay que volverse a prender de un clavo ardiendo si es necesario. Si se tienen recursos para la terapia, tomarla. Si no, buscar en los grupos de ayuda las herramientas o, en último caso, leer, informarse, conocer el punto para encontrar el equilibrio que evite caer. Sin eso, simplemente estamos perdidos y listos para la próxima caída de consecuencias que no se pueden predecir.

Finalmente, cuando el fracaso de una recaída lo avergüence moralmente, piense en una frase que me sirvió de mucho en mi compulsión por la comida: un alto en el camino nunca será el fin del camino. ¿Okay?

PARA RECORDAR:

- Terminar una consolidación o un programa de manejo de deudas nunca significará estar curado de la compulsión por comprar.
- La compulsión por comprar es tan adictiva como las drogas o el alcohol.
- Nunca se está en recuperación total si no hay vigilancia de los signos que pueden llevar a una recaída.
- Los compradores compulsivos son víctimas de otra compulsión que secretamente "bota el tapón de seguridad", siempre hay algo más en una persona con el problema.
- Identifique su otra "debilidad". Ésta puede ser la comida o las drogas. Recuerde que es un círculo vicioso: una desata de inmediato la otra.
- Busque grupos como los que siguen las reglas de los doce pasos de recuperación, en este caso "deudores anónimos que ofrecen ayuda por teléfono y hasta por Internet. www.deudoresanonimos.org
- Si está a su alcance, la terapia individual es altamente recomendada, o bien libros como *The Money Trap,* del autor Ron Gallen, que es explícito en consejos aunque únicamente está disponible en inglés.

Continúa en la siguiente página.

- Si recayó en las deudas sin control en tarjetas de crédito, de inmediato descontinúe su uso. De inmediato también pague sólo con dinero en efectivo, haga un balance de las deudas y hágase por sí mismo un programa para volver a pagarlas. Quédese con una sola tarjeta para ser utilizada en caso de emergencia, las demás córtelas y pida a su acreedor que cierre la cuenta.
- La regla de oro para comenzar la recuperación después de la caída es sencilla: Diga no a las tentaciones. *No abra nuevas tarjetas de crédito y cuando le lleguen las solicitudes no las ponga en la mesa de noche para pensarlo después.*
- Curarse significa dar a la tentación un ¡no! rotundo.
- Finalmente. Haber recaído no significa perderlo todo. ¡Siempre se vuelve a comenzar!

Capítulo 25

LO QUE NO SABE
(y Teme Preguntar)

En este punto usted y yo hemos hablado de cosas tan íntimas y personales que no se hablan siquiera con la pareja o la familia: vaya, a veces ni con la mejor amiga: esto es, ventilar nuestras cuestiones de dinero. Hablamos de todo con todos, valga la redundancia, sin embargo seguimos sintiendo vergüenza a la hora de hablar de lo relacionado con las finanzas en nuestras vidas. Si no lo hace porque no quiere que los demás lleguen a pensar que usted es un ser incapaz de controlarse y que le debe "a las once mil vírgenes", está bien, allá usted. Pero si no habla, no pregunta o no se informa por miedo a que la gente piense que su ignorancia es tan grande como una catedral . . . no se preocupe, pues para eso se hizo este capítulo. Para que se en–te–re.

Aquí están las preguntas más frecuentes y los datos que pueden interesarle y que son difíciles de hallar. Aquí los tiene con sólo hojear sus páginas.

EL CRÉDITO: SU MEJOR PRESENTACIÓN

Recuerde que es más que una tarjeta de negocios que lo anuncia ante clientes potenciales. El crédito es lo que marca definitivamente la vida de una persona. De él depende si le dan o no empleo (en ocasiones por encima de su capacidad para un puesto). Si antes el requisito de un buen expediente era cosa de unos cuantos patrones o empleadores, en los últimos cinco años la medida se ha hecho más y más popular. El patrón o empleador quiere saber quién es la persona que colocará en su empresa; y más aún si son empleos de gobierno, el informe del historial de crédito juega un papel primordial en ciertas dependencias. Así, los cheques devueltos, los giros sin fondos en la cuenta, los pagos retrasados, los que dejaron de hacerse, los múltiples deudores y la bancarrota muestran el "yo oculto" de una persona.

LO QUE CUENTA ES EL
CREDIT SCORE

En los Estados Unidos hay sólo tres grandes agencias a las que se recurre para conocer el crédito de un individuo: EQUIFAX, TRANS UNION y EXPERIAN; de ellas depende que alguien piense bien o mal de usted. Con la tecnología a su favor, la historia de crédito como tal no es lo que funciona a la hora de conceder o negar préstamos. Ahora lo que se utiliza es el puntaje para calificar a un deudor. ¿Cómo lo logran? Toman un grueso de la población con características similares y los comparan a unos con otros en un estudio de pagos, compras, etcétera. De ese comportamiento en promedio sale como resultante el llamado *credit score* para calificar al sujeto. Lo más alto son 800 puntos, mientras con los retrasos en los pagos éste baja a 500 en promedio. Para obtener un interés bajo en préstamos hipotecarios o en automóviles, lo mínimo que deberá tener son 650 puntos. De esta forma la historia de crédito como tal ya pasó a la historia.

LAS TRES AGENCIAS DE CRÉDITO

Cualquier pregunta sobre su historia, puntuación o aclaración a las tres agencias siempre será mejor hacerla por escrito. Aunque ciertos datos puede obtenerlos telefónicamente. Equifax, www.equifax.com (1-800-685-11 11), Experian www.experian .com (1-888-690-8086) y Trans Union www.transunion.com (1-800-226-62 14). Si por alguna razón le han negado el crédito y en la carta donde le notifican la decisión mencionan alguna de estas agencias, escríbales incluyendo su número de seguro social que, por ley, deberán enviarle en forma gratuita un informe de su crédito.

LO DESCONOCIDO DE LA BANCARROTA

Una vez que haya decidido tomar la ruta de acogerse a la protección de la bancarrota personal, consulte con un experto la forma en que será presentada su petición, de acuerdo a dos opciones: el capítulo siete y el capítulo trece.

El capítulo siete es el más severo para ambos, deudor y acreedor, que en muchos casos no recuperará el dinero. Este capítulo siete exime del pago de la mayoría de las deudas, pero exige que se entreguen la mayoría de las propiedades del deudor con excepción de la casa, el auto y las herramientas para realizar el trabajo, así como la mayoría de los objetos personales. Sin embargo, las deudas que no están exentas en este concepto son: el pago de los impuestos al IRS, la cuota legal para la alimentación de los hijos en un divorcio, los préstamos que se obtuvieron dando falsa información, los préstamos que no se incluyeron en la lista suministrada al momento de solicitar la bancarrota, los préstamos de estudiante y otros pagos que son resultado de un juicio antes de la bancarrota.

El capítulo trece. Aquí el solicitante de la bancarrota queda en posesión de las propiedades, pero entrega el control de sus finanzas a la corte. Ésta es la que decide en base a los recursos del individuo si se paga hasta el 50 por ciento de las deudas en un período de tres a cinco años. En este lapso no hay acoso por parte de los acreedores, ni intereses en lo adeudado, y cuando se termina el proceso de pago, el solicitante queda libre de deudas. En su mayoría es para los negocios más que para las personas.

La asesora financiera Joanna Alcalá dice que con estas dos opciones sucede algo que puede dañar al deudor. La mayoría que recurre a especialistas es encaminada a escoger el capítulo trece. «No me gusta eso porque la experiencia nos muestra algo que sucede comúnmente. La mayoría de quienes están en el capítulo trece, poco después del año se aburren del programa y, aconsejados por quien los ayudó en primera instancia, deciden cambiarse al capítulo siete de la bancarrota. Eso es parte de un esquema que puede rayar en el dolor. La mayoría también acepta el cambio con los consiguientes costos que no pueden evitarse. Una bancarrota cuesta, dependiendo de la cantidad de deudas de ochocientos a dos mil dólares. Si vuelve a hacerse la petición cambiando de términos, tendrá que desembolsarse la misma cantidad».

PRÉSTAMOS A ESTUDIANTES

Siempre serán recomendables cuando no hay otra opción para estudiar. No es malo aceptar los préstamos. Malo es pedir más de lo que se pueda pagar. Hay que revisar y buscar mejores términos en el mercado. La especialista de la Universidad Fordham en Nueva

York, Dra. Belisa Lozano–Vranich tiene innumerables consejos para los jóvenes. vranich@fordham.edu

¿HAY DEUDAS BUENAS Y DEUDAS MALAS?

¡Por supuesto! Las "deudas buenas" son aquéllas que están justificadas porque se necesita hacerlas y, al no haber dinero en efectivo, se pueden pagar con la tarjeta de crédito y no acabar la reserva de ahorros. Son todas esas deudas como el pago de la casa, el auto, y que SE PUEDEN PAGAR. Las "deudas malas" son las que se hacen en base a todo aquello que no se necesita y que, a pesar de eso, se paga firmando y de antemano se sabe QUE NO SE PUEDE PAGAR. Una "deuda mala" usualmente es la que nos hace pensar: «Lo compro y, total, lo pago poco a poco en la tarjeta», y la verdad es que no lo pagamos y eso aumenta el balance.

SEGUNDA HIPOTECA PARA PAGAR LAS TARJETAS

Consumer Credit Counseling Services advierte de los peligros de esto. El problema, de acuerdo con Joe Zunzunegui, es que el deudor utiliza para liquidar sus tarjetas el llamado *equity* de su casa, lo que teóricamente estaría bien porque ese interés lo recuperan sobre la hipoteca. Para que toda la operación se cumpla satisfactoriamente, el principal ingrediente debe ser LA DISCIPLINA. DEBE TRATARSE DE UN DEUDOR DISCIPLINADO.

¿Qué sucede cuando no son deudores disciplinados? El peligro de quedarse sin la casa. Me explico mejor. Las deudas por tarjetas de crédito son del tipo llamado *unsecure*, es decir, sin garantía. Lo más que puede suceder en el caso de no pagar por cualquier razón es que el crédito de la persona se dañe con los reportes a las oficinas que llevan ese registro. Pero cuando se ha pedido una segunda hipoteca sobre el *equity* de la casa, ahí se pierde ésta, porque las segundas hipotecas siempre están garantizadas con el valor de la propiedad, y el riesgo es inminente. De acuerdo con los expertos, a menos de que tenga una organización perfecta, que se trate de una persona totalmente determinada a pagar, JAMÁS se involucre en un préstamo garantizado con su casa para pagar las deudas. Las estadísticas juegan en su contra. El 60 por ciento de los que hacen ese tipo de préstamo terminan gastando el dinero y sin pagar las deudas, por lo que terminan teniendo que hacer dos pagos: la segunda hipoteca y todas las deudas anteriores de sus tarjetas . . . o de lo contrario, se quedarán sin nada.

PRESTAMOS AL FONDO DE RETIRO O 401(K)

Si por alguna razón ésta es su opción, deberá tener en cuenta lo siguiente: si quedara desempleado y con la deuda, ésta deberá pagarse totalmente y de inmediato al momento de terminar el empleo. Si no se paga entonces y usted es menor de cincuenta y nueve años y medio, el servicio interno de rentas, IRS, le aplicará un 10 por ciento adicional a sus impuestos como penalidad por un retiro temprano de sus fondos, por lo que antes de abandonar un empleo y teniendo este tipo de préstamos debe asegurarse de que esa obligación quede liquidada.

CUALES CUENTAS *NUNCA* DEBE DEJAR DE PAGAR

Impuestos al IRS; préstamos de estudiante. Si éste deja de pagar y usted es el colateral, deberá hacerlo de inmediato, so pena de que el crédito suyo se dañe. Préstamos de auto e hipotecas de casas sin pagarse hacen que la propiedad se pierda irremediablemente.

TRAMPAS COMUNES DE LOS "PSEUDO CONSOLIDADORES DE DEUDAS"

La mayoría de estos servicios dicen que no cobran, pero lo cierto es que sí cobran. Por ejemplo, toman completo el primer pago que el cliente hace. Escogen los mejores deudores y le dicen a la persona que no pueden tomar todas sus deudas. Esto funciona de una forma sencilla: los negocios establecidos, la mayoría con el visto bueno de la Fundación Nacional de Consumidores de Crédito (NFCC), reciben de las corporaciones un tanto por ciento como donativo por haberles ayudado a recuperar el dinero. Unos acreedores dan más, otros menos; eso lo saben quienes están operando sin escrúpulos en este renglón y entonces prefieren quedarse únicamente con los acreedores que les reporten más ganancias. CCCS, a diferencia de los otros, sí toma a TODOS los deudores de una persona, incluidos pagos a médicos, agencias de cobro, con cuatro excepciones: deudas al IRS, préstamos de estudiante, préstamos de auto e hipotecas de casas *(mortgage),* porque en esos casos la ley les ha dado a los acreedores la capacidad de quitar de inmediato la propiedad.

REQUISITOS DE UN PROGRAMA SERIO DE MANEJO DE DEUDAS

Consumer Credit Counseling Services es el líder con cincuenta años en el campo del manejo de deudas, pero como ya le he dicho hasta el cansancio en este libro, hay negocios similares con buena reputación, aunque también existe la gran mayoría que no lo son y que, anunciándose en forma masiva en la prensa y la televisión, hacen creer a los deudores que saben y hacen las cosas bien. Lo importante es tener en cuenta la seriedad y el compromiso de la organización a la cual usted recurra y que transmita a sus acreedores su voluntad de salir adelante y saldar sus compromisos de dinero sin necesidad de recurrir a la bancarrota.

En su primera cita asegúrese de:

- Llevar copias de todos los estados de cuenta de tarjetas, almacenes, médicos y agencias de cobro.
- Documentación de los ingresos (cheque de pago), lo que va a ayudar a que la persona entienda en realidad cuánto dinero gana, algo que la mayoría en realidad ignora. No es lo mismo cobrar cada dos semanas, que en total da veintiseis pagos por años, que cobrar el día quince y el día primero que sólo da veinticuatro pagos.
- Haga el propósito de pagar la mayor cantidad posible mensualmente para reducir más rápido su deuda.
- Asegúrese de que, por escrito, le estipulen el tiempo de sus servicios y también por escrito que sus acreedores aceptaron el acuerdo de pago que usted les está haciendo a través de la agencia de consolidación: ESTO ES DE SUMA IMPORTANCIA. Pida una copia de la carta de aceptación y guárdela bajo llave.
- Observe con cuidado si lo presionan a tomar de inmediato los servicios de la consolidación. Si esto sucede, ojo, que no es el procedimiento usual de un negocio serio.
- Quien verdaderamente le ofrezca la salida para sus deudas NUNCA le obligará a nada, simplemente le presentará las opciones que pueden jugar a su favor.

SITIOS ESPECIALIZADOS

- National Foundation for Consumer Counseling (www .nfcc.org).
- Association of Independent Consumer Credit Counseling Agencies (www.aiccca.org).

Ambas organizaciones requieren que sus miembros cumplan con una serie de requisitos éticos y limiten el monto de los cargos que hacen al cliente, lo que es una cierta garantía al utilizar los servicios.

- Consumer Credit Counseling Services of South Florida (con asesoría a nivel nacional) 1-954-563-5977; 1-305-893-5550
- Better Bussiness Bureau. Oficina donde usted reside y que se encuentra listada en las páginas amarillas de su guía telefónica.

OTROS SITIOS DE AYUDA (TERAPIA Y LIBROS)

Deudores Anónimos (Debtors Anonymous) son grupos de auto ayuda que, según Jorge Petit y Belisa Lozano–Vranich, autores de *La Siete Creencias,* se convierten en la mejor arma para tener la identidad de un grupo similar a quien tiene el problema. Siguen el esquema de los doces pasos de Alcohólicos Anónimos. Se aplican cuotas más que mínimas, de acuerdo con la posibilidad de cada persona. Existen prácticamente por todos los rincones de los Estados Unidos, pero si no hay uno a su alcance, con navegar en la Internet usted encontrará los apoyos emocionales más importantes en cuanto a su control de las compras compulsivas: las doce tradiciones de Deudores Anónimos y las doce herramientas. La ayuda es también a través del teléfono y del correo electrónico. Si no habla inglés, no hay problema porque dentro del sitio principal se encuentra la versión en español (www.debtorsanony mous.org o www.deudoresanonimos.org).

LOS LIBROS: TERAPIA AL ALCANCE DE SU VISTA

Mientras los libros en español que hay para el manejo de los problemas de compulsión por el dinero son, en su mayoría, sólo traducciones de los originales en inglés y por tanto no se ajustan al patrón de conducta hispano, éstos que le menciono pueden ser de gran ayuda. Algunos títulos personalmente me fueron útiles en el proceso de entender el fenómeno de las compras compulsivas: *The Money Trap,* por Ron Gallen (Quill/HarperCollinsPublishers); *Las Siete Creencias,* por Jorge Petit y Belisa Lozano–Vranich (HarperCollinsPublishers); *El poder de la autodependencia,* de Jorge Bucay (HarperCollinsPublishers).

MONEY STYLE: UN ARMA PARA NO RECAER

Al terminar el programa de manejo de la deuda, lo importante, como en cualquier otro tratamiento para las adicciones, será el mantenimiento. Consumer Credit Counseling Services inaguró a principios de 2004 el "último grito de la moda" en lo que a servicios financieros se refiere. El nombre podría hacerlo parecer algo sólo para ricos . . . , pero se equivocó. No importa cuánto dinero tenga o si éste es poquito, porque en realidad está diseñado para quienes están a mitad del camino, es decir, cuando todavía las deudas no se han convertido en crisis. Barbara Babcock, directora de Money Style asegura que es una herramienta mas que útil para evitar la recaída, al alcance de cualquiera con una pequeña cuota de inscripción. «Ayudamos a los clientes en base a una membresía de educación financiera a lograr las metas, siempre y cuando tengan verdaderamente la voluntad de hacerlo». ¿Cómo funciona? «A través de asesoría que se da por teléfono con asesores financieros certificados que responden personalmente las preguntas. Es un programa con sede en Miami, pero opera a nivel nacional. Inicialmente comenzó sólo en inglés, pero también está disponible en español y por la Internet. Para mayor información visite www.MoneyStyle.net.

Con todas estas armas la guerra lo tomará menos desprevenido (o por lo menos le ayudará a entender lo que sucede). Y en el último de los casos, hable, pregunte, infórmese, que vergüenza es, y mucha . . . el no hacerlo.

Capítulo 26

NO ENVIDIES LO QUE TENGO . . . SIN SABER LO QUE ME HA COSTADO

Desde que pensé escribir este libro tuve en claro que debería ser una alerta roja ante el peligro de la compulsión a deber y gastar, pero también que debería ser la luz al final del túnel para que usted vea que de todos los problemas en la vida se puede salir siempre que haya ganas. Como también siempre he creído que con el ejemplo se aprenden mejor las cosas, desde el principio supe quién podría transmitir en el prólogo el mejor mensaje de redención a quienes necesitamos la mano amiga. No podría ser otro que Emilio Estefan. Era mi sueño personal que él fuera quien bautizara a mi cuarto hijo literario.

¿Por qué? Por todo lo que él implica. Emilio y Gloria Estefan son el prototipo del "American Dream". Famosos, exitosos, prestigiosos, ricos . . . y muy trabajadores. (Tal y como soñamos ser algún día los millones de inmigrantes que hemos llegado a este país a "hacerla"). Él y ella han construido un imperio respetado por el mundo anglosajón y que es ejemplo para miles de hispanos. Mientras Gloria hace su parte como la megaestrella que es, Emilio es el arquitecto de esa obra monumental. Productor, músico, empresario y hasta editor de revistas, es conocido y requerido por todas partes, desde el más humilde evento en Miami, Texas, Chicago o Los Ángeles hasta la misma Casa Blanca en Washington. Contrario a lo que muchos puedan imaginar, Emilio Estefan es un hombre que no sólo mantiene la sencillez con la que le conocieron antes de ser famoso y rico, sino que además no hace alarde alguno de lo que tiene. Es el ejemplo de poder lograr el éxito sin dejar de ser el mismo muchacho cubano que un día llegó a los Estados Unidos sin nada más que sus sueños. Por eso y más le pedí que me hiciera el prólogo de este libro.

Raúl Mateu, mi agente y amigo, quien siempre está a la espera de un "Collins puro", complacido, escuchó el nombre del padrino de bautizo de "este niño".

«Cualquiera de los consejos de Emilio Estefan para tener éxito son indiscutibles y serán de gran utilidad para los lectores, aunque modesto como es, quizá por eso mismo no hable de lo que puede servir de ejemplo a tantos inmigrantes. No es mala idea que entonces, en un capítulo aparte, las gentes más cercanas a él den al lector los mejores consejos que han recibido de Emilio».

La idea de Raúl Mateu me encantó . . . pero no era fácil. Finalmente, luego de una odisea hallé a los personajes: su sobrina Lili Estefan, la relacionista pública Blanca Tellería, el periodista Mauricio Zeilic, David Naranjo, quien fuera su cercano colaborador, y Janet de Armas, su asistente. Cinco personalidades diferentes que fueron transformados con las enseñanzas de Emilio a lo largo de los años trabajando a su lado.

DAR AL DINERO EL VALOR JUSTO

Lili Estefan su sobrina dice que, en familia siendo niño, su tío Emilio pronosticaba que algún día sería millonario. Luego de haber sufrido puertas que se cerraron, desdenes y reveses (como usted y yo hemos vivido), los Estefan supieron lo que fue salir adelante a pesar de un inicio difícil por los sinsabores.

«Ellos pasaron muchísimo —dice Lili— No hay que olvidar que eran la orquestita que llegaba a casa de la gente rica que los contrataba para sus fiestas, pero que no les ofrecían ni un refresco. Eso marcó a mi tío de una forma tal, que él me comentaba que cuando alguien los menospreciaba era cuando soñaba más con tener éxito. "No importa no tener dinero, cuando uno es pobre es cuando más sueños tiene", repite él hasta el cansancio. Por eso dice no querer saber cuánto tiene para no perder la capacidad de seguir soñando. Yo en verdad sé que soy afortunada por vivir tantas horas de mi vida junto a un ser tan especial».

"SI NO TIENES . . . NO GASTAS"

Quizá en este punto, usted se dé cuenta de que para Emilio Estefan la vida de inmigrante era exactamente igual a la que usted y yo hemos vivido cuando los proyectos fracasan, cuando alguien nos humilla o nos ignora, pero que en él hizo el efecto de "amarrarse" el cinturón para cumplir las metas.

«De mi tío he aprendido tantas cosas; para mí es la escuela básica de la vida. Como fui su secretaria durante un tiempo, aprendí a no deber, a gastar sólo lo que tengo y si no tengo, no se gasta y punto. Siempre está pendiente de todos, especialmente de la juventud, a quienes puede aconsejar. Es usual que nos diga cuando nos ve que compramos a crédito: "Ven acá . . . ¿vas a dejar eso pendiente? ¿Para qué?" Él es de pagar al contado todo . . . Si no tienes, no se gasta.

«No es un hombre que bota por botar. Es un ¡no! a la ostentación y al gastar por gusto. Teniendo con qué hacerlo, no lo hace. Pero una cosa es parte de la otra, comenzando con su filosofía para lograr lo que uno quiere en la vida, que es sensacional. Es el hombre más generoso, pero no confunde los conceptos. Puede pagar el costo de las cosas y lo hace, pero nunca antes de saber si éstas lo valen o no. Le da a cada dólar su valor, pero si tiene que pelearse por ese dólar, se pelea, porque siempre dice: "No se equivoquen . . . los millonarios no se hacen porque de momento les llegó. Los millonarios de la lotería son pocos. En realidad lo que tienen es porque supieron administrar lo que han ganado". Eso además se lo enseña a uno con el ejemplo. Desde jóvenes sabemos lo que es la responsabilidad y las obligaciones en la casa. Yo, por ejemplo, cuando comencé a trabajar tenía algo que cubrir por pequeño que fuera. Unas veces era la luz o pagar el agua, es decir, algo que era una responsabilidad al ganar dinero. Lo demás se ahorraba. ¿Algo más que sirva de consejo? La que creo es su mejor frase (y la que más repite): "No debes comprar las cosas que no puedes pagar, mi vida" ».

"NO GASTES PARA QUE PUEDAS SER RICO"

David Naranjo, quien es director de prensa y publicidad de Sony Music, y que trabajaba junto a Emilio y Gloria siendo muy joven, llama a esa época "los años clave de su vida".

«El que ha estado junto a él sabe que no compra nada a crédito, sino que tiene un hábito tan grande para ahorrar que ahorra y ahorra para obtener lo que quiere. Así que cuando nos ve tirando el dinero o comprando sin razón, él tiene una frase: "Por favor, no gastes para que llegues a ser rico, que algún día cuando lo seas, yo puedo necesitarte y me vas a tender la mano". Con eso te habla de que uno debe soñar lo que quiere y después trabajar para lograrlo. ¿Quieres tener comodidades? Pues ahorra, ésa es su filosofía. Pero eso también te habla de algo más: de la gran humildad que rige todos sus actos donde la palabra arrogancia no existe en su vocabulario.

«Otra de sus grandes enseñanzas es el amor y el respeto por los padres. Cuando quise independizarme de los míos, me dijo: "Tus padres son mayores. No te vayas y los dejes solos. Vive con ellos el mayor tiempo posible, porque después ese tiempo no lo vas a poder recuperar". Gracias a Dios que le hice caso».

"EL GOZO DE AYUDAR"

Mauricio Zeilic, uno de los grandes amigos de los Estefan, es de los pocos a quienes Gloria y Emilio le festejan los cumpleaños. Mauricio asegura haber aprendido de él la forma incansable de dar vida a las ideas cuando otros, al lograr las metas, se conforman y se detienen a observar el éxito de los demás.

«Emilio vive la vida planeando, realizando proyectos, incursionando en otras cosas y, antes que todo, SABE VIVIR LA VIDA. Encima de eso tiene dos cualidades: aborrece la frivolidad y no sabe lo que es la ostentación; sin embargo, es generoso con quienes están a su alrededor y con quienes no lo están. Goza al ver una sonrisa en la cara de alguien a quien ayuda, y por ejemplo, quienes estamos cerca de él, creemos lo mismo: que nunca ha querido borrar de su mente sus tiempos de pobreza. Saborea y goza cada cosa que va obteniendo, así sea un simple par de zapatos. Se los compra, los ve, los vuelve a ver como si no creyera que pudo comprarlos . . . ¡cuando el podría comprarse mucho más! Pero eso significa que ni todas las amistades importantes, ni todo el oro del mundo han robado su capacidad de disfrutar cada cosa que él va logrando. Eso y la lealtad a sus amigos y a lo que él cree es una de las grandes lecciones que recibe uno con sólo hablar con él».

TODO EL MUNDO ES IMPORTANTE

Janet de Armas, su asistente, conoce perfectamente el camino de ese éxito que Emilio Estefan sigue insistiendo en lograr a diario, lo mismo con las cosas más sencillas que con los proyectos más complicados.

«Es el hombre más organizado del mundo, con la memoria más grande que he conocido. El repite que la gente organizada es la que trabaja menos. No se le olvida nada. Además, para él, la fórmula del éxito en la vida es tratar con respeto y mucho más a un pobre que al rico y poderoso. No importa que quienes lo busquen sean políticos famosos, artistas renombrados, eso a él no le importa. Es ubicado, tranquilo, sin perder su raíz porque sabe de dónde vino. Hace el tiempo para atender todos sus compromisos porque su filosofía es que, para él, todo el mundo es importante. Le fascina la limpieza, la organización; él y Gloria son unos seres humanos de gran corazón y con una mente muy clara sobre lo que quieren y lo que van a hacer».

TRABAJO, AHORRO Y SUEÑOS: SU RECOMENDACIÓN

Durante más de veinte años, Blanca Tellería ha sido amiga de los Estefan. Luego de trabajar en sus proyectos le tocó presenciar cómo Emilio, poco a poco y poniendo en práctica su filosofía, fue construyendo su leyenda.

«Mientras iban mejorando de posición y contrario a lo que otros artistas harían, ellos ahorraban, reinvertían y ni por todo el éxito que comenzó a llegarles cayeron en la tentación de endeudarse sólo para tener de frente a los demás el estatus de "estrellas". Emilio, que es un trabajador incansable, también es un soñador incansable. Nunca se me va a olvidar un día en que estábamos por Miami Beach y nos paramos frente al Hotel Cardozo y me dijo. "Desde que llegué, este lugar me ha impresionado porque es una belleza del Art Deco que debe ser preservado. Algún día tú verás que podré comprarlo para cuidarlo". En ese entonces otro ni siquiera hubiera soñado con la idea porque trabajaba para salir adelante . . . ¡Pero llegó el día en que lo compró! Hasta hoy me sigue maravillando que piensa, dice y lucha por lo que va a hacer, y siempre termina lográndolo».

AHORRAR PARA INVERTIR

Mientras para muchos es un rey Midas que todo lo que toca lo vuelve algo productivo, Tellería, junto a otros, sabe que la fórmula es totalmente diferente a un sueño por ganarse la lotería. Su día de trabajo, sin excepción, comienza a las seis de la mañana.

«Primero que todo no conoce el descanso y después, siempre ve las cosas antes que los demás. Cuando apenas era 1990, ¡Emilio vio lo que iba a ser Miami Beach en el año 2004! Él decía: "Espérate, mi vida, esto va a ser grande, y además tu verás que el americano va a ver que esto tiene sabor cubano". Y ¿qué hizo? *Larios on the beach,* el primer restaurante cubano en Miami Beach, fue de él. Cubano hasta la médula y orgulloso de ser hispano, cumplió otro de sus sueños: el primer restaurante cubano de Disney World fue su *Bongo's Cuban Café* y ha hecho a los americanos comer congrí y ¡que le den las gracias!

«Es un visionario. Pero también un hombre que sistemáticamente ha rechazado la tentación del crédito, para que no le quite su tranquilidad. Para todo ahorra y siempre está preparado para cuando le llega la oportunidad. No olvidaré cuando veía el centro de Miami, abandonado y lleno de suciedad y mugre durante décadas, y sin embargo nos decía que algún día iba a resurgir y que él quería ser parte de ese resurgimiento y así fue. Fundó *Bongo's Cuban Café* en el American Airlines Arena, en el pleno centro de la ciudad, que se convirtió en el núcleo del nuevo desarrollo de Miami en el siglo veintiuno. Ahora tiene la visión de hacer resurgir otro sitio: Vero Beach en la Florida . . . ¡Así que se acabó la tranquilidad de los americanos que se retiraban a descansar allá, porque con Emilio y Gloria ¡les llegó el guaguancó! De eso no me queda la menor duda».

Todo lo anterior se refleja en la frase que leí en un sitio: «No me envidies lo que he logrado sin saber el esfuerzo que me ha costado».

FRASES DE EMILIO ESTEFAN PARA RECORDAR:

- No debes comprar las cosas que no puedes pagar.
- Millonario es el que sabe administrar lo que ganó.
- Hay que organizar hasta el último minuto del día. Los que se organizan trabajan menos.
- ¿Quieres tener comodidades? ¡Ahorra!
- Hay que darle a cada dólar su valor.
- No te endeudes por aparentar ante los demás lo que no tienes.
- Mientras más sufrimiento económico pasa uno, más sueños de éxito tiene.
- Ahorra para que seas rico, que después quizá yo necesite que tú me des la mano.
- Todo el mundo es importante y merece un trato digno, más aún quienes menos tienen.

Capítulo 27

EL QUE NO OYE CONSEJOS . . . NO LLEGA A NADA

Hace muchos años que aprendí la valiosa lección con un chiste que constantemente me decía mi comadre Talina Fernández, una de las presentadoras más exitosas de la televisión mexicana.

«Mire comadre, hay que hacerle caso al que sabe, al que usted está viendo con sus propios ojos que le ha ido bien en la vida, no a los que se pasan dando el consejo de "lengua para afuera" y terminan quedándose con él. A esos es fácil descubrirlos para ignorarlos sin remedio».

Sin imaginarlo, Talina convirtió aquella plática en una anécdota que me ha acompañado toda mi vida desde aquel 1974 cuando soñábamos con el futuro. He sido bendecida con la oportunidad de estar junto a gentes que me han enseñado con su ejemplo. Jacobo Zabludovsky, durante doce años mi jefe y mentor en esta profesión, me hizo poner en práctica o por lo menos intentar, cuanta idea loca se me ocurre. «Las ideas son gratis, Collins, por tanto hay que realizarlas. De otra forma quedan sólo en ideas».

Si de Talina y Jacobo aprendí a entender un poquito el complicado mundo en el que me he desenvuelto durante más de treinta años, de Cristina Saralegui y Marcos Ávila he aprendido a perder el miedo a no poder hacer las cosas. De ambos he recibido las lecciones más provechosas para saber cuándo y cómo todo tiene que llegar, siempre y cuando se luche por ello.

En una de esas noches de sobremesa en Blue Dolphin Studios, luego de la grabación del *Show de Cristina* y mientras ella pensaba en ideas para enriquecer este libro, Marcos, que es el artífice del éxito alrededor de ambos, hacía ver el punto clave por el que los hispanos nos endeudamos.

MARCOS ÁVILA Y CRISTINA SARALEGUI: LA FUERZA DE LA VOLUNTAD

«Es que el sentido del crédito en nuestros países de origen (o por lo menos el que había) es totalmente diferente al que existe en los Estados Unidos. Para nuestros padres, las deudas eran algo malo, se endeudaba el que no tenía para comprar en efectivo, que era la única forma de hacerlo entonces, porque las tarjetas de crédito no comenzaron a tener auge sino a partir de 1980. Sucede entonces que venimos a este país y nos encontramos con lo opuesto: que aquí no eres nadie si no tienes crédito, y entonces nos volvemos locos abriendo cuentas y debiendo dinero como jamás nunca imaginamos tener, sólo porque con eso estamos formando parte de la categoría de inmigrantes exitosos.

«Lo importante —de acuerdo a Marcos— es hacer un presupuesto, saber tus posibilidades, tener cabeza para poder tomar lo que te conviene y deshechar lo que no. En muchas ocasiones me han preguntado, por qué si nosostros viajamos tanto no hemos comprado un avión. Mi respuesta es siempre: ¿Para qué? ¿Para presumir? Sacando cuentas del uso y el costo, eso sería un lujo. Preferible invertir ese dinero en otras cosas o darlo a obras de caridad que se patrocinan, como en nuestro caso, a todo lo relacionado con el Sida. Ésa es la forma en que hemos logrado mantener nuestro equilibrio».

PERDERLE MIEDO AL MIEDO

«Hace años, cuando comenzamos el proyecto y posteriormente la construcción de Blue Dolphin, no fueron pocos los que cuestionaron el éxito que podríamos tener. Es verdad, todo alrededor estaba despoblado, pero nosotros siempre creímos en lo que estabamos haciendo como producto de una decisión tomada sin impulso, sin vanidad y con los pies en la tierra. Hoy, Blue Dolphin está situado en medio de la zona con más desarrollo industrial en el area de Miami, y quienes nos criticaron han tenido que vernos salir adelante con razón».

Quienes conocen a Marcos y Cristina saben también que su dedicación y sacrificio está por encima de cualquier vanidad, siempre dirigidos por Marcos, un extraordinario administrador que genéticamente nació con esa virtud. Antes de mudarse a la casa de Miami Beach, y al igual que Gloria y Emilio Estefan, con quienes tienen una amistad de tantos años que raya en familia, ellos también eran vecinos (al igual que yo) de la zona de Westchester en el Southwest, o como le conocen en cubano, "La saguesera de Miami".

«De nuestra casa en la avenida Sunset no nos mudamos a ninguna otra hasta que pudimos mudarnos a ésta. Años atrás habíamos venido a ver esta casa, cuando pensar en comprarla era o un sueño o simplemente una locura. Conforme el *Show de Cristina* fue triunfando, nosotros por el contrario seguimos con el mismo ritmo de vida, sin cometer excesos que nos endeudaran. La oficina continuó funcionando en el garaje de la casa, con toda la gente adentro. Con el tiempo, ahorrando y con mucho esfuerzo, logramos comprar esta casa en Miami Beach, pero siempre con los pies bien puestos en donde pisamos, porque las cosas materiales hay que verlas fríamente y como una buena inversión. Con esta casa hemos recuperado lo que se le ha invertido. Aunque si de inversiones se trata, en la principal, donde nosotros somos millonarios en verdad, es en el número de amigos que nos quieren y a quienes queremos. Ésa es la verdadera inversión».

Total, que como este capítulo no es una lista para que usted sienta envidia de algunos de mis verdaderos "cuates" sino de las enseñanzas que en verdad les han funcionado, pues entonces tome lápiz y señale cuidadosamente lo que necesite para tenerlo a la mano. Son buenísimos consejos, están probados con ellos y, sobre todo, son de primera mano.

HAY QUE AHORRAR PARA CUANDO NO HAYA

Jorge Ramos, *Noticiero Univision*
«Llevo ya más de veinte años en Estados Unidos. Tengo la suerte de hacer lo que más me gusta hacer y que me paguen bien por ello. Pero curiosamente, me sigo sintiendo como un inmigrante y, de hecho, en muchos sentidos sigo actuando como si fuera un recién llegado a Estados Unidos.

«¿Qué es lo que esto significa? Bueno, significa que sigo trabajando tanto o más que el primer día que llegué a este país. Actualmente tengo cinco trabajos: en la televisión, la radio, los periódicos, los libros y la Internet. En la práctica, eso significa que estoy, de alguna forma, trabajando desde que me levanto hasta que me acuesto.

«Estados Unidos me ha dado las oportunidades económicas y profesionales que no me pudo dar mi país de origen. No soy el único. En Estados Unidos hay 10 millones de mexicanos, nacidos en México, que vinieron —como yo— a buscar mejores oportunidades para ellos y para sus familias. Queremos, en pocas palabras, que nuestros hijos vivan mejor que nosotros. Punto. Pero como todo inmigrante, vivo con el constante temor de que pudiera perder lo que he logrado en un momentito y, por lo tanto, tengo la costumbre de ahorrar y prevenir para el inevitable momento en que las cosas no me salgan tan bien. Además, sigo una serie de principios de puro sentido común que me permiten dormir con más tranquilidad.

«Lo principal, para mí, es no gastar más dinero del que tengo. Punto. Esto es fundamental, igual para el que gana $20,000 al año como para el que gana $1,000,000 al año. No me gasto en el mes más de lo que gano. Y en lugar de pagar a crédito, primero ahorro y luego gasto. No me gusta deberle a nadie. Pago todas mis tarjetas de crédito cada mes. De hecho, solo tengo dos tarjetas de crédito. Y si pudiera, sólo tendría una, pero hay tiendas, hoteles y restaurantes que no aceptan todas las tarjetas. De hecho, más que tarjetas de crédito, uso las llamadas *check cards* que me deducen automáticamente de mi cuenta de banco. Si tengo que pagar al fin de mes, prefiero que me lo descuenten inmediatamente.

«Es, lo reconozco, una mentalidad de trueque. Pero me funciona.

«Desde luego, mi casa es del banco. Como la de todos en Estados Unidos, tuve que pedir un préstamo para conseguir la casa donde vivo. No soy la excepción. Pero me aseguro que los pagos por mi casa me permitan, también, cumplir mis otras obligaciones, costear mis vacaciones y, además, ahorrar.

«Quizás suene exagerado, pero me gusta saber que aún sin trabajo podría sobrevivir uno o dos años con mis ahorros manteniendo el mismo nivel de vida. Al final de cuentas, de lo que se trata es de que mis hijos puedan tener una mejor vida que la que yo tuve a su edad, una mejor educación y más oportunidades que yo.

«Mi plan no es retirarme a los cincuenta años de edad, aunque pudiera. No, mi plan es seguir trabajando toda mi vida en las cosas que me gustan, pero hacerlo sin la preocupación de quedarme sin dinero. Tampoco quiero que mis hijos, mis hermanos o los hijos de mis hermanos tengan que pasar por las limitaciones que me tocó vivir cuando yo era niño y adolescente en México. Recuerdo con mucha tristeza, por ejemplo, que fui aceptado a estudiar en una de las mejores universidades de Europa —London School of Economics and Political Science— pero que por falta de dinero no pude ir. Bueno, no quiero que nadie de mi familia tenga que volver a pasar por lo mismo. Y, también, a través de una fundación estoy tratando de evitar que algunos estudiantes latinoamericanos pasen por lo mismo.

«Desde luego que, cuando puedo, me doy mis lujos. Pero mi concepto de lujo es distinto al de mucha gente. Odio ir a las tiendas y a los centros comerciales. Compro únicamente cuando tengo que comprar. Compro por necesidad, no por gusto. Por lo tanto, para mí, lujo es tener tiempo. Ése es el verdadero lujo del siglo veintiuno: tener tiempo para hacer lo que uno quiere hacer.

«Tengo una visión muy práctica de la vida. Para mí, un carro es, sencillamente, una máquina con cuatro ruedas que me lleva del punto A al punto B. No tengo que manejar un auto del año ni me importa. De hecho, me aburre inmensamente hablar de autos. Es como hablar de lavadoras o estufas; son cosas que uno usa pero que no deberían quitarnos tiempo y, mucho menos, endeudarnos.

«Ahora, a los cuarenta y seis años de edad, tengo un poco más que cuando tenía veinticinco años y acababa de llegar a Estados Unidos. Y lo que tengo lo invierto con una fórmula que, hasta el momento, ha sido infalible: una tercera parte lo tengo en dinero en efectivo, una tercera parte en propiedades y la otra tercera parte en *stocks,* acciones. El dinero en *cash* es en caso de emergencia. Y el dinero invertido en propiedades o en acciones es para el futuro. El mercado subirá y bajará, pero invirtiendo de esta forma siempre estaré protegido.

«Con esta forma de vida vivo tranquilo. Vivo bien, muy bien. De hecho, tengo más cosas de las que quisiera tener. Soy de los que tira o regala lo que no usa. Pero nunca olvido que un 2 de enero de 1983 llegué a la ciudad de Los Ángeles cargando todo lo que tenía: una maleta, un portafolios y una guitarra».

HAY QUE CONOCER LOS LÍMITES Y ENSEÑARLO A LOS HIJOS

María Elena Salinas, *Noticiero Univision*

«Nací en una familia pobre y empecé a trabajar a los catorce años. Desde el principio aprendí de mi mamá a dividir mi dinero. Cuando joven lo hacía en tres partes: una para mis gastos de escuela y personales, otra la ahorraba y la otra se la daba a mi mamá para ayudar en los gastos de la casa, así fue hasta que se murieron los dos. Pero en ese entonces los ahorros me duraban un año. Sin darme cuenta adquirí la cultura del ahorro, algo que con los años hago automáticamente con cada cheque del trabajo. Pongo de inmediato una parte para no tocarse y en realidad yo no gasto tanto, aunque no me privo de nada de la misma forma que cuando niña. Pero a pesar de que no teníamos dinero ni comodidades, nunca me sentí pobre.

«Mis ahorros están balanceados y pienso a largo plazo. Yo no estoy pensando en el presente sino en el retiro . . . Conozco los límites y he vivido igual sin importar si he ganado poco o si gano mucho. Obviamente, han pasado muchos años en los que me va mejor, pero vivo de la misma forma: sin pensar que nada más porque tengo el dinero lo voy a gastar. Soy una persona que sabe que hay que tener control como en todo y que uno debe buscar el balance en su vida. De la misma forma en que uno distribuye y encuentra tiempo para descansar, trabajar o estudiar, en tus finanzas también tienes que buscar balance, porque no puedes gastártelo todo o buscar placer haciendo compras compulsivas.

«No es que quiera darles todo a mis hijas, lo que me preocupa

es enseñarles la ética del trabajo en la misma forma en que mi
mamá me la enseñó a mí. Por eso les debo dar una buena educación y darles viajes para que abran sus horizontes y puedan conocer lugares y culturas, pero a mis hijas no les compro nada sólo
por comprar. Si ellas quieren algo con sus ahorros las llevo a obte-
nerlo, es la mejor escuela para que aprendan a valorar más el dinero y sepan cuidarlo».

¿CÓMO AHORRAR?

Teresa Rodríguez, presentadora del programa *Aquí y Ahora*
«Antes que nada, trato de no ir a las tiendas para no caer en la
trampa de la tentación. Admito que soy una *shopaholic* y por lo
tanto evito ir al *mall* para no gastar dinero en lo que realmente no
necesito. Sí, me gusta aprovechar las ofertas especiales y casi todo
lo que tengo en mi clóset lo he comprado en oferta. Me entero de
estas ofertas a través de los propios vendedores que me conocen
hace mucho tiempo y me avisan de antemano cuando va a ver alguna rebaja en la tienda. También recibo correspondencia que me
avisa de eventos especiales. Además, aprovecho las rebajas después
de la Navidad o de una fecha especial como el Día de la Madre y
a veces compro mis trajes en tiendas de descuento o *outlets* porque
si uno busca bien, encuentra tremendas gangas.

«Cuando me compro ropa, zapatos y carteras, trato de invertir
en piezas clásicas ya que éstas no pasan de moda. Afortunadamente, todavía uso el mismo tamaño de ropa que usaba hace diez
años. . . . y cuando un estilo pasa de moda, o regalo mis trajes o
guardo los más caros para ver si regresa la moda . . . (casi siempre
regresa).

«Por último, ahora que soy mamá y papá y que tengo que fi-
jarme más en los gastos, sólo voy a la tienda cuando tengo que
comprar algo, sea un regalo o alguna ropa para mis hijos o para

mí. También, cuando me llegan los folletos de las tiendas, los ojeo y los tiro en la basura enseguida. Así evito la tentación de salir a comprar algo que realmente no necesito».

PAGAR EN EFECTIVO DUELE MÁS QUE CON UN "TARJETAZO", HÁGALO ASÍ ENTONCES

Sammy, estilista, *Despierta América*

«Sé perfectamente el día en que "toqué fondo" en mi compulsión por comprar. Ésa es mi debilidad y mi vicio. Me gusta comprar todo y de todo. Desde lo más barato hasta lo más caro, y resulta que era Navidad cuando me detuve en esos puestos callejeros donde venden arbolitos. Escogí el más bello. Al ir a pagar, como no utilizaba el dinero en efectivo sino mis tarjetas de crédito, le doy la tarjeta al hombre y ¡que vergüenza! Que me niegan la compra de menos de cien dólares porque la tarjeta estaba sobre girada. Me enojé tanto, que lo tomé como algo personal, al grado de que llegué a mi casa y con una tijera (por supuesto que no la de cortar pelo porque son carísimas sino de cocina) corté por la mitad todas las tarjetas que tenía. Nunca he sido tran dramático como ese día. Obviamente me quedé con una que es la que pagas y si no tienes el dinero no puedes comprar. ¿Cuántas tenía? ¡Más de veinticinco! Me las enviaban y para mí era como coleccionarlas. Para mí era un lujo abrir mi billetera y ver ahí todos los colores. Era un juego que me encantaba: mi juego de las cartas. En medio de mi dramatismo, una por una las fui acabando. ¡Más nunca me vuelve a pasar esto a mí!, me juré, furioso. ¿Quién me iba a decir que un sencillo arbolito de Navidad me salvaría de un desastre económico?

«Ahora, gracias a Dios, aprendí a pagar todo en efectivo y a controlar lo que llamo "mi valle emocional que llenan las cosas materiales". Siempre te dolerá más hacerlo en *cash* que firmando, entonces eso te da la noción correcta de no gastar en cosas que sólo se están haciendo por impulso. Tengo una sola tarjeta que uso cuando estoy de viaje. Pero casi todo trato de pagarlo en efectivo. Es importante reconocer que lo que padecemos es un vicio que hay que controlar. De otra forma, si no lo sacas de raíz, cuando menos te imaginas se te va de las manos y lo pierdes todo. En verdad que lo vas a perder todo. Pagar en efectivo te hace ver lo triste de que hayas comprado una camisa de veinticinco dólares y al final sea de cien dólares por los intereses que te cobran. No pagas el valor verdadero y no es una manera de vivir porque terminas destrozándote a ti mismo . . . Ahora mi fórmula es sencilla: si puedo, me como una hamburguesa, si puedo, un filete Mignon. Más claro: No tengo dinero, no compro. Tengo dinero, compro».

TE PUEDES DAR UN GUSTO . . . ¡PERO NO, DIEZ GUSTOS AL MISMO TIEMPO!

Lili Estefan, presentadora de *El gordo y la Flaca*
«Me aterraría llegar a ser feliz con cosas carísimas que no pueda pagar y que se vuelven un juego material. Más importante que comprarse un vestido caro . . . ¡es pagar un gimnasio para tener el cuerpo que con un vestido de diez dólares te haga lucir como una princesa!" Eso es estar bien ubicado en la vida.

Lo otro es evitar el exceso en la autorecompensa. Hay que estar conscientes de que si tuviste una tentación, el próximo mes no te la das. ¡No puedes darte diez gustazos! Hay que mantener la ilusión por tener las cosas, igual que cuando tienes tu primer novio. Y jamás nunca hacer comparaciones tontas. Siempre, lo que para mí es un gustazo, seguramente para otro será una porquería. Yo ignoro las comparaciones y me mantengo enamorada de las cosas que me han costado tanto trabajo tener».

SI VIAJA, NADIE LE ORDENA IR DE COMPRAS

Fernán Martínez, *manager* de Julio Iglesias

Hay que entender que uno responde a estímulos visuales y a las cosas con las que tradicionalmente hemos crecido. Tenemos que entender algo sencillo que hemos hecho tradicionalmente: Si vamos de viaje tenemos, a fuerza, como si fuera una obligación, que comprar algo. No entendemos ir a Hong Kong o a Nueva York sin ir de *shopping*. ¿En donde está escrito eso? Hay que tener en cuenta esos factores que se convierten en un riesgo y así poder evitarlos. Es cuestión de que cada quien busque, y encuentre sus debilidades. Pero por lo pronto, si va a viajar y no quiere gastar de más, evite irse de compras».

ROMPA EN PEDAZOS LA TENTACIÓN

Sergio Urquidi, *Noticiero Univision Fin de Semana*

«Cuando nos llegan las ofertas para abrir nuevas tarjetas de crédito y dices, esta suena interesante y la pones en tu mesa de noche para después verla con detenimiento, lo que estamos haciendo es un peligro en potencia. Luego de endeudarme, salir, volver a recaer y levantarme, mi sugerencia es que en cuanto lleguen esas solicitudes ahí mismo las corten y reafirmen su propósito de no caer en tentaciones de ningún tipo. Para lograrlo, escribo en un papel todos mis propósitos. En ocasiones espero hasta fin de año, otras veces los veo cada tres o seis meses para darme cuenta de cómo he ido marchando. Las tarjetas de crédito hay que reducirlas a una sola que se utilice únicamente para las emergencias, y de preferencia la que se paga totalmente cada mes. Lo mismo es cultivar el hábito del ahorro. Yo ahorro automáticamente cada que me pagan y ese dinero a menos de que sea cuestión de vida o muerte, no se toca. Cuando llegan a más es tiempo de invertir. Ahora lo que está de moda no es la bolsa de valores, son las propiedades que al fin y al cabo nunca se devalúan. Lo otro es no caer en la tentación de comprar cosas que se devalúan. Hay que romper los catálogos con las ofertas de televisores o computadoras o tantas cosas como hay, y pensar bien. Me encanta ese televisor de plasma de no sé cuantas pulgadas. Los televisores luego de seis meses están obsoletos porque ya salió uno mejor. Así que eso, como los autos, son objetos donde automáticamente al comprarlos y sacarlos de la tienda han perdido parte de su valor. Todo eso lo tengo escrito en la famosa hojita de mis propósitos, y es una de mis mejores recomendaciones".

REVISAR SU CRÉDITO PERIÓDICAMENTE LE AHORRARÁ SUSTOS

Jorge Torres-Sojo, Productor de *Primer Impacto Fin de Semana* «Hacerlo por lo menos cada seis meses es más que un seguro mental. A mí me cargaron la cuenta de un deudor moroso en una famosa mueblería, de la que ni siquiera tenía idea que existía una sucursal cercana a la ciudad de Miami. Me vine a dar cuenta cuando comprando mi casa salió en mi reporte de crédito y entonces fue una lucha contra el tiempo para hacer la aclaración que me estaba perjudicando. Entonces aprendí cómo hacerlo por mí mismo. Si uno lo busca personalmente por la Internet, es la única manera en que no le restan puntos de su total del crédito. La otra situación que ignoramos que nos perjudica son todas esas solicitudes de tarjetas preaprobadas que recibimos por correo. TIENE QUE ENTENDER QUE ESO DAÑA EL CRÉDITO, porque con cada solicitud que una compañía hace a su historia crediticia, a usted le restan puntos. Con romper las solicitudes no se compone nada. Hay que llamar al número de servicio al cliente de la tarjeta en cuestión y pedirles que le retiren de su lista de clientes. De otra forma, ellos mismos seguirán enviando más solicitudes con la consiguiente disminución de su récord. Recuerde que es su derecho pedir que lo quiten de los listados de solicitudes y que la ley lo protege obligando a quien se lo ofrece a no hacerlo. Pero no ponga en el olvido la clave: hay que pedir lo mismo con cada oferta de tarjetas de crédito preaprobadas que le lleguen».

UTILICE TODO SU INGENIO PARA CONTROLARSE

Leticia Montes, Productora *Al Rojo Vivo*
«Era una compradora compulsiva hasta que luego de mucho sufrimiento y muchos días en los que dice una, ¿qué hice?, decidí poner un alto a mis compras y me ha dado buenos resultados. Voy a un almacén de los famosos a los que me gusta entrar, compro todo lo que se me antoja con la tarjeta de crédito. Los zapatos más caros, las carteras que me quitan el sueño en ese momento, la ropa más linda que se me antoja. Llego a la casa, y cuidadosamente saco todo de las bolsas. Lo pongo sobre la cama o sobre el sofá y me los vuelvo a probar. Al día siguiente los veo y razono fríamente: ¿En realidad vale la pena el sacrificio de pagarlo a crédito privándome de otras cosas? ¿En verdad no podría vivir sin esto? La respuesta generalmente es un rotundo "no". Entonces los vuelvo a poner en sus bolsas y en medio de la vergüenza y el enojo de las dependientas del lugar, los devuelvo . . . Ésta ha sido la forma de vencer mi obsesión de comprar sin control únicamente porque podemos hacerlo pagando con una tarjeta de crédito . . . Eso sí, hay que tener fuerza de voluntad para no caer".

NO HAY QUE NACER, CRECER
Y MORIR HIPOTECADOS

Fernando Arau, *Despierta América*
«Me aterra deber. ¿Saben por qué hay tantos pobres en los Estados Unidos? Porque han tenido o tienen tarjeta. Así de sencillo. Los pobres en México o en el tercer mundo, esos sí son pobres de verdad porque si no tienen dinero para comprar se quedan con las ganas, mientras en el primer mundo los pobres son pobres porque deben todo lo que tienen. Hay que pensar bien esto. Yo pago mis cuentas al mes y soy superconsciente de no caer en la trampa. Recuerdo que un día el productor de televisión mexicano Luis de Llano me dijo: "Maneja el sistema a tu favor o si no, vas a ser víctima del sistema". Eso se ha convertido en uno de mis grandes consejos. Es lo que me hace tener terror a deber. Abran los ojos en algo más: en este país la gente nace hipotecada, crece hipotecada y muere hipotecada. No deje que se lo coma el sistema, ¡no lo haga por favor!

NO DEJAR PARA MAÑANA
NINGUNA ACLARACIÓN

Ana María Canseco, Presentadora, *Despierta América*
«Mi recomendación es cuidar el crédito y no dejar para mañana ninguna aclaración, que por pequeña, termina dañándolo. Yo compré una cafetera por correo. Por alguna razón, hubo un malentendido. Me cambié de ciudad y la compañía no registró el cambio. Total que nunca me llegó una sola cuenta por cobrar de la cafetera y eso quedó en el olvido. Tiempo después, por alguna razón, un vecino de la casa donde había vivido encontró en el correo una carta donde hablaba de mi deuda y me la envió. De inmediato mandé el pago y creí que eso era todo. Tiré por la borda

los consejos para escribir cartas al acreedor y a las oficinas de crédito explicando la situación . . . Eso, hasta el día, años después, en que estaba comprando una casa y apareció la deuda de los setenta dólares dañando mi reporte de crédito. ¡Me habían reportado como una deudora con pagos retrasados sin mayor explicación! Eso me enseñó la valiosísima lección de ser extremadamente cuidadosa con todo. No importa la suma, el crédito es algo tan sensible que se daña con cualquier cosa y sin embargo todo puede solucionarse si hay aclaración a tiempo como pude haber hecho entonces . . . Y no lo hice. Así que muchísima atención, ¡y no deje para mañana algo que deba hacer de inmediato!

¡CUIDADO CON LOS PRESTAMOS PARA CONSOLIDAR DEUDAS!

Raúl González, *Despierta América*
«Cuando llegué a los Estados Unidos caí en la trampa y me endeudé con cuatro tarjetas de crédito y $18,000. Después, tratando de salir adelante, tomé una decisión para la que no estaba preparado: pedí un prestamo para consolidar deudas y en lugar de pagarlas, me gasté la mitad. Eso fue un desastre. Tuve que recurrir a un plan de pago para organizarme. Así aprendí que ahora lo que gasto es porque puedo pagarlo en cuanto me llegan los estados de cuenta. Otro de los grandes errores que cometemos por ignorancia es pagar el mínimo que pide la tarjeta mensualmente. Eso no ayuda nada ¡y simplemente es una agonía que nunca termina! . . . ¡¡NO LO HAGAN!! *ORGANIZACIÓN,* subrayado y con mayúsculas, es la clave para salir de deudas. De todos los peligros que nos rodean con el crédito, mi recomendación principal es tener mucho cuidado con la consolidación de deudas y los préstamos de dinero para hacerlo, que generalmente comprometen una propiedad y que se convierten en realidad en un arma de doble filo si no estás organizado. Terminarás gastando todo, además con la

deuda y encima de todo, con el grave peligro de perder la propiedad».

UNO SE DEBE ARROPAR HASTA DONDE LE LLEGA LA COBIJA

Neida Sandoval, *Despierta América*

«El consejo que siempre mi madre me dio desde pequeña es el que me ha regido toda la vida. Aída Sandoval, mi madre, siempre repite: "Uno se debe arropar hasta donde le llega la cobija". O sea, uno no se debe extralimitar cuando no tiene las posibilidades. Ella siempre ha sido así, siguiendo el dicho al pie de la letra . . . Pero algo más que desde niña me inculcó fue que uno siempre tiene que guardar para mañana. A lo largo de casi dos años con la enfermedad de David, mi esposo, que le ha impedido trabajar, de repente ¡bum! Quedé con dos bebés recién nacidos para alimentar y cuentas médicas que pagar y un solo sueldo. Gracias a Dios que porque nunca he vivido fuera de mis límites he podido sobrevivir y el problema económico no me ha asfixiado, es decir, no ha sido uno más de todos los sinsabores que he tenido que enfrentar de golpe. A pesar de todo, sigo manteniendo a mi madre, responsabilidad que es mía desde hace muchos años, sigo auxiliando a mis hermanos cuando lo necesitan económicamente, y eso me ha dado una gran tranquilidad. Haber ahorrado y "haberme arropado hasta donde me llega la cobija" me ha ayudado a que en medio de tanto sufrimiento no haya perdido mi paz interior. Y con eso y la ayuda de Dios sigo adelante.

Y no hay nada más que decir . . . ¡Sí señor!»

Capítulo 28

REGALE AFECTO . . .
NO LO COMPRE

No sé cuando leerá este libro. Si antes, durante o después de las fiestas de fin de año. No importa.

Aquí está este capítulo para recordarle *"quién es y cómo"* funciona el más cruel y despiadado verdugo de nuestro bolsillo. El que nos hace cometer actos de barbarie económica en el nombre de la más grande manipulación. ¿Sabe cuando empiezan el descontrol económico y las compras sin control? . . . No, no, no encoja los hombros ni voltee para todos lados como buscando la ayuda divina para que ésta le responda. ¿Qué no lo sabe? Pues aquí le va a quedar en claro tal y como en medio de sustos aprendí yo.

La peor época para las compulsiones por comprar, la peor época para poner las tarjetas de crédito "al tope" es precisamente NAVIDAD Y FIN DE AÑO, cuando la publicidad está a "todo vapor" atrayéndonos como lo haría la temida bruja de los cuentos, con sus ojos grandes y vidriosos y sus manos huesudas y flacas que nos guían hacia el caldero de aceite hirviendo donde nos va a achicharrar por las deudas.

Le estoy hablando con pleno conocimiento de causa.

Nunca, hasta que entré en el programa de manejo de deudas supe lo que hacía al comprar, firmar y después tronarme los dedos llorando por los abusos cometidos en los "regalitos" de fin de año. Aunque al principio de nuestra relación Fabio intentó hacerme ver el gran error financiero que éstos significaban, no le hice caso. Me repetía a mi misma: «Ay sí, que fácil es decir, Collins controla los gastos de las fiestas decembrinas, porque como en Cuba no había nada para regalar, él no tiene la costumbre de hacerlo. Difícil aquí donde sí hay de todo y por todas partes». Otras veces pensaba: «¿Cómo no voy a caer en la tentación si hasta el que no compra plátanos por no tirar la cáscara, lo hace en estas fechas?» Queda en claro que mi cerebro había bloqueado la parte de raciocinio que me hubiera permitido analizar "el lado oscuro" de los obsequios de fin de año. Como estoy aquí para contárselos, por si no lo sabe . . . , aquí están. Haga memoria y acepte los hechos en un acto de desagravio a sus maltrechas finanzas a causa de ese dispendio.

TARJETAS PREAUTORIZADAS

En medio de la enorme cantidad de correo que llega en los dos últimos meses del año, repleto de ofertas, catálogos, o peticiones de dinero para caridad, se esconde nuestra peor enemiga: la tentación de abrir más tarjetas de crédito que nos ofrecen "listas" para ser utilizadas con sólo llamar a un número: las preaprobadas. De acuerdo a los expertos, esas tarjetas de crédito enviadas justo antes de que comience la época navideña son parte del plan con maña de la mercadotecnia, que sabe perfectamente que al tenerlas las vamos a llenar hasta el "tope" en base a muchas cosas que van desde la manipulación psicológica de la publicidad hasta los complejos de culpa. ¡Por eso es que nos las mandan! . . . ¡Para usarlas!

ATRAPADOS SIN SALIDA COMO
EN UNA PELÍCULA

Como el título de la famosa película, sin darnos cuenta, las estadísticas de las agencias serias que trabajan con los deudores en la consolidación de deudas de la NFCC (National Foundation of Credit Counseling), así es como quedamos, "atrapados sin salida". En promedio, por lo menos al 50 por ciento de los consumidores les llega la siguiente temporada navideña sin haber pagado las deudas navideñas del año anterior. (En mi caso, hubo ocasiones en que arrastré semejante carga durante cuatro años.) Joanna Alcalá, experta en la materia, advierte que las cuentas van en aumento por múltiples factores: el pago mínimo, el interés de las tarjetas, muchas de ellas abiertas con poco, pero que al cabo de un lapso de tres a seis meses, sube. Esto provoca dos cosas de acuerdo a Alcalá: «Una, que la deuda demore años en liquidarse, y dos, que el costo de los regalos al final sea dos o tres veces mayor que lo que originalmente se pagó».

MUJERES Y HOMBRES AL BORDE DE UN
ATAQUE DE NERVIOS

En este punto estamos al borde de salir corriendo al psiquiatra para que nos recete un calmante que nos saque de la ansiedad y la depresión que se vive en enero de cada año por culpa de los estados de cuenta que nos llegan elevándonos al borde de la hipertensión arterial, precisamente cuando en el primero de los doce meses por venir los impuestos reducen los salarios notablemente y las deudas amenazan con ahogarnos. Y para colmo de males, ¿qué sucede? ¡Pues que los grandes almacenes hacen verdaderas rebajas para amortizar las pérdidas. Y ahí vamos corriendo a seguir aprovechando «lo que no va a volver a pasar, mira que barato me costó», sin calcular verdaderamente el daño colateral. En todo esto, ¿quién se detiene un momento a pensar en lo que todas estas presiones hacen en individuos como nosotros, las víctimas de la compulsión a comprar? ¿Las que queremos agradar a los amigos y familiares con un obsequio? La respuesta es, nadie. Absolutamente nadie. Y peor aún, todos alrededor esperan que seamos heroicos y que resistamos el embate de la tentación.

¿SABE QUÉ ES LO MÁS TRISTE?

Aquí viene lo bueno. Usted hizo todo tipo de sacrificio para cumplir por lo menos con un regalito, como se dice en buen cubano "para Raymundo y el mundo (incluido Mazantín el torero)" es decir, para todos aquellos que le rodean, y desgraciadamente para la mayoría no cuenta ese esfuerzo, y como no les gustó el regalo, ¡lo regalan! Más claro: lo reciclan sin el menor remordimiento de conciencia ni la menor sensibilidad al esfuerzo de quien se los diera. Yo he sido víctima de un par de estos malévolos personajes a quienes tengo bien localizados. He llorado decepcionada y con rabia al descubrir lo que con tanto cariño y sacrificio les compré ¡adornando la casa de algún amigo o familiar! Lo único bueno, que los he borrado de la lista.

LA EXCEPCIÓN DE LA REGLA

No es mi caso y lo digo con el corazón en la mano. Pero en las únicas ocasiones en donde semejante desprecio es válido, es decir cuando hay que regalar de inmediato a la beneficencia pública o tirar a la basura los regalos inservibles es cuando tropezamos con los que dan los más descarados: los que quieren verle a uno la cara.

¿Qué tal con los que se amparan en los famosos intercambios de fin de año en la oficina y que usan éstos como la "dorada" ocasión para deshacerse de todas las cosas feas que tienen?

¡Esos personajes siniestros de la avaricia sí que son una maravilla en todo sentido! Se la pasan ingeniando y organizando todo tipo de trueques navideños con la esperanza de que les den buenos regalitos a sabiendas de lo que ellos van a dar. ¡A mí me han dado cada cosa que con sólo recordarla quedo verde del coraje! Desde camisetas tres tallas menores a la mía (del color y el estilo ya ni hablo) ¡hasta un desbaratado monedero de piel a medio usar que todavía tenía la inscripción "recuerdo de la Argentina"! Pero no soy la única. A otra amiga, en una de estas "fiestecitas de oficina", le pasó lo mismo. Le dieron un inexplicable presente navideño: un coco. Sí, un coco que más bien parecía un huevo disfrazado. Juntas no supimos si reír, llorar o ponernos a rezar al reflexionar: ¿Cuál es el objeto de regalar cosas inservibles? ¿Para qué pretender hacernos creer con inocencia malsana, "Ay, fulanita, cuando vi esto, de inmediato pensé en ti". Mejor que no piensen en uno.

Mi amiga la Chata Tubilla de Coatzacoalcos, México, tiene un par de inolvidables versiones de estos regalos:

«¿Qué tal cuando lo que te dan dice en la etiqueta, "Not for sale" o "prohibida su venta", porque se trata de las muestras que les regalaron con algunas compras y pretenden que seamos tan ignorantes que no nos demos cuenta? O mucho peor aún: ¿Qué se siente cuando el regalo que nos toca es el mismo cenicero de cristal cortado que nosotros le regalamos al personaje en cuestión dos o tres años antes? ¿Por qué hacen eso?» ¿Acaso esto tiene que ver con el dinero disponible para gastar?

¡NO REGALE PORQUERÍAS POR FAVOR!

¡Por supuesto que no!

Los mejores presentes los he recibido de gente sin dinero para dar y tirar, pero que me quieren y verdaderamente pensaron en mí con imaginación. Una de esas amistades me regaló unos aretes de fantasía que de inmediato me puse.(No tienen que ser de oro o diamantes para ser lindos y útiles). Otra más, una vela aromatizada. Alguien que me conoce bien me dio un marco para mis fotos favoritas . . . , y otra buena amiga con menos dinero pero con gran sentimiento me hizo un platón de postre de arroz con leche tan delicioso que me ha hecho tan feliz como a un niño un viaje a Disneyworld. Los más modernos se "volaron la barda" con certificados de regalo para comprar en un supermercado comida para los perros y gatos callejeros que acostumbro alimentar. Ésta es la generosa invención de la célebre frase mexicana: Regale afecto, no lo compre. Pero hasta aquí la "descarga" contra los desalmados personajes, que se trata de encontrar como evitar el drama de quedarse sin dinero por los gastos de fin de año.

PRESUPUESTO Y SACRIFICIO

Coynthia Perez–Mon, productora ejecutiva de *Aquí y Ahora*, puso en práctica su solución personal a los compromisos de este tipo que arruinaban su presupuesto familiar. «Cuando mi esposo y yo analizamos todas y cada una de las deudas en que incurrimos, nos dimos cuenta de la cantidad de dinero que uno gasta en las fiestas de fin de año y especialmente en el renglón de regalos a todo el mundo. Hicimos un presupuesto que cumplimos religiosamente durante todo el año: con cada cheque de pago separamos un dinero para tenerlo listo en diciembre cuando hay que comprar los obsequios. Es sencillo, requiere fuerza de voluntad para hacerlo sin excusa y evitando la tentación de gastar lo ahorrado y nos ha funcionado súper bien quitándonos un montón de preocupaciones».

Eso, sin lugar a dudas, evita que el desastre financiero se repita. Pero ¿qué hacer para pagar las cuentas que duermen "el sueño eterno" en las tarjetas de crédito y que no tienen para cuando pagarse? Los planeadores financieros recomiendan que de inmediato usted se imponga un plan de pago, y que mensualmente, mientras mayor sea la cantidad que envíe a sus tarjetas de crédito, mayor será el beneficio, porque finalmente eso reducirá el tiempo en el que haga el "sacrificio" de liquidar las deudas de diciembre.

DE ACUERDO A LOS TIEMPOS

Los regalos tienen ahora menos protocolo y por tanto, el margen que su imaginación le permita, pero es necesario un depurado inventario para saber *qué y a quién se le darán.* Tengo un par de años juntando mis millas de las tarjetas de crédito para comprar extraordinarios *gift certificates* de las mejores tiendas que van de acuerdo a cada una de mis amistades. No piense, «Ay no, qué va a decir fulana o mengana». No se equivoque que esos regalos en verdad *sí le costaron a usted.* Se los están dando coda vez que logró el puntaje con las compras hechas con la tarjeta en cuestión. Así que ahorre el complejo de culpa, que quien lo reciba seguramente estará feliz y aliviado al verlo. Por lo demás, sea firme. Con la terapia para evitar las compulsiones (y con los sustos a la hora de pagar), he aprendido la lección:

No doy por dar, sino sólo a quienes verdaderamente quiero.

Termino este capítulo con el final de uno de mis artículos favoritos de la columna de opinión que semanalmente escribo en la cadena periodística *El Sol de México,* éste publicado en diciembre de 2003:

«Por favor, si después de leer toda la diatriba anterior no está preparada o preparado para dar obsequios que en realidad sirvan, piense bien y no haga el ridículo reciclando lo que le han dado, ni sea tan insensible de regalar lo que alguien con tanto esfuerzo le dio. (Si lo va a hacer, por lo menos haga todo lo posible para que no lo descubran). Sea firme y rehúse a formar parte del comité de espontáneos que siempre están dispuestos a organizar intercambios de objetos inservibles por todas partes. Haga un examen de conciencia y si no es capaz de dar con el corazón, entonces por favor no regale nada. Y un último favor: haga copia de este capítulo en una acto de generosidad a sus semejantes y que de paso contribuirá a que cada año seamos menos los que gritamos a los cuatro vientos: ¡No regale porquerías . . . Por favor!»

PARA RECORDAR:

- Los regalos de la época navideña desatan las peores compulsiones por comprar con resultados financieramente desastrosos.
- El 50 por ciento de los consumidores tarda por lo menos un año en pagar esos regalos y les llega la siguiente temporada con la deuda anterior.
- Especialmente evite la tentación de aceptar tarjetas preaprobadas o listas para utilizar a fin de año. Es el truco de la mercadotecnia que le costará "lágrimas de sangre" pagar.
- El costo de los regalos a crédito y que no se pagan en un lapso de tres meses sube al triple o más de su valor original debido a los intereses.

Continúa en la siguiente página.

- No haga el ridículo reciclando lo que le han dado y no le gustó, ni sea tan insensible de regalar lo que alguien con tanto esfuerzo le dio.
- Si los va a regalar, por lo menos haga todo lo posible para que quien se lo dio no lo descubra. No menosprecie a sus amistades creyendo que no van a entender lo que significa *not for sale* en esas muestras que le regalaron en una tienda y que usted está utilizando para regalar.
- Haga un acto de verdadera caridad y si está dispuesto a deshacerse de ellos envíelos a una organización de ayuda a quien tiene poco en la vida.
- No insulte la memoria de los demás porque terminará regalando el mismo obsequio a la persona que se lo dio años atrás.
- Haga un presupuesto para sus regalos navideños. Haga una lista de amistades y familiares a obsequiar y de cada cheque de su salario separe una cantidad para cubrir esos gastos. Le sorprenderá lo sencillo que resulta . . . y la gran paz que le dará la medida.
- Utilice el millaje de sus tarjetas de crédito para obtener certificados de regalo en los mejores sitios. Le sorprenderá cuánto va a ahorrar y lo bien que son aceptados.
- Utilice la imaginación y sus habilidades. Los regalos modernos son prácticos y de todo tipo. Desde certificados de regalo para almacenes, pasando por supermercados hasta el postre o la comida que usted cocina tan bien le envía a sus amistades el mensaje de que los recuerda en la fecha.
- Finalmente, reflexione en la filosofía del refrán: Regale afecto . . . No lo compre.

Capítulo 29

LIBRE . . . ¡AL FIN!

Estoy a punto de correr el telón en el mismo escenario donde hace ocho años comencé a tener conciencia de las consecuencias que provocaría mi compulsión por comprar a crédito: aquí en mi amada redacción del *Noticiero Univision* donde he pasado una buena parte de mi vida. Nada es igual a entonces. Nunca jamás pensé durante aquella desesperación provocada por el mal uso de mis veintidós tarjetas de crédito y mi deuda de $46,000, que aquella odisea finalmente pudiera terminar algún día y mucho menos narrada en este libro. A fuerza de golpes he ido aprendiendo. Al escribir volví a refrescar las lecciones que estaban quedando mañosamente en el olvido.

Ha sido éste mi oportuno "Yo pecador", donde a través de un "análisis de bolsillo" con la autoridad que me ha dado el sufrimiento de mis compulsiones por comprar he podido llegar, tocar y hasta retratar el interior de otro de los "monstruos" que dormitan escondidos en mi mente: el que está disfrazado con el color verde de un billete de dólar para permitirme tomar confianza antes de darme el golpe final que por poco me aniquila. No pudo hacerlo entonces, ni tres años después cuando recaí . . . ni se lo voy a permitir en el futuro.

He sabido lo que es aprender a vivir con la amenaza del problema a cuestas.

¿Cómo veo la vida ahora y qué temores me asaltan? De la misma forma que cualquiera que sea honesto y que sepa lo que es ir y volver al infierno para después tropezar a medias. Así veo todo con el terror de lo que se puede volver a presentar en cualquier momento.

Por eso sé muy bien lo que no quiero ser:

No quiero ser parte de los súbditos del reino de "Bolsa vacía" que compran y presumen lo que no tienen.

No quiero terminar empujando por las calles un carro de supermercado con mi vida a cuestas por la debilidad de no haber sabido componer el rumbo a tiempo.

No quiero que mis hijas repitan el error de gastar y gastar sin control, sólo por haberlo visto en su madre.

No quiero sucumbir a la tentación y vivir el descontrol que me hace desesperarme y buscar lo que me hace falta momentáneamente, embarcándome en una orgía de compras como la que seguramente viven los adictos a la droga o el alcohol.

No quiero ser parte de los dolientes de ese "Valle de lágrimas" que he tapizado con los cientos de recibos de mis tarjetas de crédito firmados al costo de lágrimas y sufrimiento por mi necedad y debilidad.

No quiero ver más como la llave de mi reino encantado a los pedazos de plástico con los que podemos comprar los sueños.

No quiero que me falten las fuerzas sucumbiendo ante la tentación.

Eso no lo quiero.

Pero sé muy bien lo que sí quiero.

Quiero ser alguien libre de una adicción a comprar compulsivamente y que me ha atrapado, sabrá Dios desde cuando.

Quiero ver que se descubra la medicina mágica que calme la parte del cerebro que se rebela ante la lógica y de la que se aprovecha el consumismo y la mercadotecnia a costa de nuestra estabilidad mental.

Quiero ser fuerte ante mis debilidades que me excusan para seguir *comprando "porque yo me lo merezco, qué caray".*

Quiero que mis recuerdos de Coatzacoalcos únicamente me muestren de donde he venido, a donde puedo llegar y no me hagan caer víctima del pasado.

Quiero tener una relación sana con mis compulsiones hasta verlas desaparecer.

Y finalmente, quiero ver cumplido eso que pido constantemente: "Diosito, quiero seguir sintiéndome libre junto a todos los que hemos vivido este infierno. ¡Libres, al fin!

Que así sea.

Miami, Florida,
16 de Mayo de 2004

ESTOY EN DEUDA...

Sí, pero de gratitud eterna a todos los que me ayudaron a transformar en palabra escrita mi pesadilla, pero también a quienes se convirtieron en la fuerza cuando ésta me comenzó a faltar.

A Raúl Mateu, Eric Rovner, Pedro Bonilla, Raymundo Collins, Berta Nevarez de Collins, Inés Marina Fajardo, Blanca Tellería, Gabriela Tristán, Mercedes Juan, Myrna Ocasio, Alex Bosschaerts, Dr. Jorge Petit, Dra. Belisa Lozano–Vranich, Dra. Elena Lozano–Vranich, Ron Gallen, Joe Zunzunegui, Joanna Alcalá, Gio Alma, Miguel "Migue" Fernández, Josefa Seoane, a los foros de Univision.com, Lotty Vargas, Fernando Escobar, Pricci, Mona, María Urrutia, Don Pepe, Musa, Gina Ulmos, Ezequiel Perez.

Gracias y a montón también al alto mando de Univision: Ray Rodríguez, Frank Pirozzi, Otto Padrón y Sylvia Rosabal–Ley quienes apoyaron desde el principio mis aventuras hechas libro.

A Fabio y Antonietta que han sufrido mis momentos de angustia y de ausencia mientras escribo mis libros.

Y a quienes han vivido paso a paso, mejor dicho, página a página este libro sin otra alternativa que acompañarme por cariño:

Dumbo, Leo y Tropi, mis socios caninos, y Botas, Lupillo Rivera, Pluto y Pepe Cabecita, mis inseparables reyes del ronroneo con el que dan vida al teclado de mi computadora.

Es una deuda grande, tan grande, que debo confesar que no tengo con qué pagar.

María Antonieta Collins